El arte de la guerra para ejecutivos

El arte de la guerra para ejecutivos

El texto clásico de Sun Tzu adaptado al mundo de hoy

Donald G. Krause

Traducción de Alejandro Pareja

www.edaf.net

MADRID - MÉXICO - BUENOS AIRES - SAN JUAN - SANTIAGO
2014

Título original: The art of war of executives
© De la traducción. Alejandro Pareja
© 2014. De esta edición, Editorial, EDAF, S. L. U., por acuerdo con Susan P. Urstadt Inc.,
New Canaam, CT USA.
© 1995. By Donald G. Krause
Diseño de la cubierta: Carlos Melcón

EDAF, S. L. U.
Jorge Juan, 68. 28009 Madrid
http://www.edaf.net
edaf@edaf.net

Algaba Ediciones, S.A. de C.V.
Calle 21, Poniente 3223, entre la 33 Sur y la 35 Sur
Colonia Belisario Domínguez
Puebla 72180, México
Teléfono: 52 22 22 11 13 87
edafmexicoclien@yahoo.com.mx

Edaf del Plata, S. A.
Chile, 2222
1227 Buenos Aires (Argentina)
edafdelplata@edaf.net

Edaf Antillas, Inc.
Av. J. T. Piñero, 1594 - Caparra Terrace (00921-1413)
San Juan, Puerto Rico
edafantillas@edaf.net

Edaf Chile, S. A.
Coyancura, 2270, oficina 914. Providencia
Santiago, Chile
edafchile@edaf.net

Primera edición: Febrero de 2014

ISBN: 978-84-414-3376-2
Depósito legal: M-2707-2014

PRINTED IN SPAIN   IMPRESO EN ESPAÑA

COFÁS

A Susan Ruth Bradshaw, Rebecca Anne Krause
y Elizabeth Lorraine Krause

Índice

Agradecimientos

Quiero dar las gracias al doctor Bob Shively, de la Facultad de Gestión de Empresas Babcock, perteneciente a la Universidad Walce Forest, por la ayuda que me ha prestado a lo largo de los años; pero, sobre todo, por su apoyo a este libro en la etapa primera y más ardua de su creación. Bob lleva más de veinte años de trabajo en la Facultad Babcock, como catedrático de conducta organizativa y como decano, y es uno de los mayores artífices del notable programa de estudios y de la brillante reputación de dicha Facultad.

También quiero expresar mi agradecimiento al doctor Chang Miao, director de la Escuela de Lengua China West Suburban, situada en Villa Park, Illinois, EE.UU. El doctor Miao tradujo el texto chino original del que me serví para preparar esta interpretación. El doctor Miao me ha proporcionado, asimismo, una visión de la cultura y del carácter chinos que solo puede dar una persona nacida y educada en China.

Introducción

Sun Tzu vivió en el nordeste de China hace 2.500 años, aproximadamente en la misma época del célebre filósofo chino Confucio. Sun Tzu fue tenido por un experto en estrategia militar, como lo había sido también su padre, gracias a las muchas victorias que alcanzaron ambos en el campo de batalla. Aunque no existen pruebas directas de que Sun Tzu anotara personalmente sus reflexiones, cerca de 100 años después de su muerte el gran señor guerrero chino Cao Cao reconstruyó cuidadosamente un texto sobre estrategia militar en el que se recogían las enseñanzas de Sun Tzu. Los éxitos abrumadores que alcanzó Cao Cao en la guerra aplicando los métodos de Sun Tzu (llegó a unificar a toda China) populatizaron mucho el texto. A lo largo de los tiempos varios jefes militares han atribuido sus victorias a los principios de Sun Tzu. Destaca especialmente entre ellos, en época reciente, el propio Mao Tse-Tung. Por otra parte, dado que la sabiduría que se encierra en el texto se puede aplicar en muchas situaciones de negocios y políticas, los diligentes de todo el mundo, aunque especialmente los asiáticos, estudian y llevan a la práctica la obra de Sun Tzu.

La guerra es uno de los hechos más comunes en la historia del hombre. En vista de la importancia que tiene para la supervivencia, la guerra se ha estudiado cuidadosamente. Se entienden bastante bien los factores que contribuyen al éxito en la guerra. El éxito en la guerra, del mismo modo que en los negocios, depende fundamentalmente del liderazgo. Existen otros factores que contribuyen también al éxito (la información, la preparación, la organización, la comunicación, la motivación y la ejecución), pero la eficacia de estos factores queda determinada por completo por la calidad del liderazgo de que se disponga.

La idea esencial de Sun Tzu es que las batallas o las competencias las gana la organización o la persona que, en primer lugar, cuenta con la ventaja competitiva mayor y que, en segundo lugar, comete menos errores. La ventaja competitiva se puede poseer gracias a muchos factores, entre ellos los recursos humanos superiores, la posición superior, la ejecución superior y la innovación. La mayoría de las personas del mundo de los negocios comprenden claramente lo que es la ventaja competitiva. Pero la ventaja competitiva no es el factor determinante del éxito. Son las personas las que libran las batallas y las que las ganan. Y la persona más importante de las que libran la batalla es el general.

Según Sun Tzu, el general ideal gana la batalla antes de que empiece la lucha. Lo hace de dos maneras.

1. Desarrolla su carácter a lo largo del tiempo.
2. Obtiene una ventaja estratégica crucial. Según la filosofía china, el carácter es la base del liderazgo.

Las personas dotadas de un carácter superior se convierten en líderes superiores. Pero un general no puede formar su carácter de la noche a la mañana. Por tanto, las personas que quieren ser líderes deben cultivar las características del liderazgo a lo largo de mucho tiempo. El general obtiene una ventaja estratégica crucial situando su organización en una posición en la que no pueda ser derrotada y esperando a que el enemigo le brinde la oportunidad de vencer. Lo consigue por medio de la gestión de la información. El general ideal no comete errores. El general ideal tiene paciencia. El general ideal es inescrutable.

La organización natural: el modelo de eficacia de Sun Tzu

El ejército de Sun Tzu se basa en el modelo de lo que podríamos llamar «la organización natural». Las organizaciones naturales tienen tres características.

1. Existen para cumplir un propósito definido. La duración de su existencia se corresponde con el plazo de tiempo necesario para cumplir ese propósito.
2. Se basan en la información. Las organizaciones naturales buscan los datos y los utilizan como base de sus actos. Evitan las opiniones no fundadas y las conjeturas, y optan por enfrentarse a las situaciones de incertidumbre estimando razonablemente las probabilidades.
3. Las organizaciones naturales son completamente flexibles y totalmente adaptables. Reaccionan con rapidez y con eficacia ante los cambios de su entorno que afecten a su capacidad para cumplir su propósito definido.

Un ejemplo claro y muy conocido de organización natural es el hormiguero. Los hormigueros han sobrevivido prácticamente sin cambios durante centenares de millones de años. Este logro es difícil de superar. Los hormigueros existen con el único propósito de proporcionar comida y refugio a sus miembros. Cuando alcanzan en éxito en este propósito, no pretenden aumentar sus dominios adquiriendo, por ejemplo, una colmena de abejas vecina o dedicándose a otra linea de actividad.

El hormiguero se basa por completo en la información. Algunos miembros de la organización se dedican a buscar constantemente información sobre los suministros de alimentos para la comunidad. Transmiten la información útil con rapidez y eficacia a los demás miembros de la organización.

El hormiguero es completamente flexible. En función de sus necesidades de alimentos y de refugio, la comunidad cambia rápidamente su ubicación y sus métodos para aprovechar cualquier oportunidad que haya descubierto uno de sus miembros.

Por desgracia, los hormigueros se han propuesto muchas veces como modelo de organización altamente reglamentada. En consecuencia, puede que no sea adecuado compararlos con las organizaciones humanas a todos los niveles. No obstante, a modo de ejemplo y de ilustración, los hormigueros pueden enseñar mucho a las personas. Por otra parte, dado que los seres humanos no estamos sujetos, al parecer, a una programación genética tan estrecha como la de las hormigas, es posible que nuestra especie pueda superar los puntos fuertes de estos insectos y reducir sus debilidades.

Sun Tzu observa al principio de los capítulos 7 y 8 que el general en jefe debe haber recibido del monarca del país la autorización necesaria para formar un ejército con el fin de hacer la guerra. Los ejércitos de Sun Tzu se reunían para cumplir propósitos concretos. Se creaban como reacción ante amenazas u oportunidades claras y definidas. Cabe suponer que estos ejércitos se licenciaban cuando había pasado la amenaza o la oportunidad. En este sentido, los ejércitos de Sun Tzu se parecen a los equipos temporales de proyectos, que se forman para diseñar y construir sistemas a gran escala en los entornos empresariales modernos. Cuando se han conseguido los objetivos definidos, el equipo deja de existir. El concepto del equipo temporal de proyecto ha tenido tanto éxito que los teóricos modernos de la gestión de empresas lo proponen como modelo organizativo del futuro.

El ejército de Sun Tzu también se basa en la información. Sun Tzu advierte que los jefes superiores tienen éxito en las situaciones en que fracasan las personas corrientes, porque obtienen información más reciente y la utilizan con mayor rapidez. Las actividades fundamentales de una organización basada en la información son la recogida de la información, su procesado, su empleo y la emisión de información. Los líderes de las organizaciones basadas en la información consideran que todas las funciones organizativas están impulsadas por la información. Por ello, incrementan la eficacia de la información incrementando la velocidad y mejorando la calidad del empleo de la información por parte de las personas que pertenecen a la organización. De manera muy parecida a los chips informáticos más recientes, las organizaciones basadas en la información producen un número de canales superior para mover la información con mayor rapidez. Reducen también los gastos fijos del sistema aminorando los requisitos de datos internos innecesarios (por ejemplo, los memorandos internos, los informes que no se utilizan). Incrementan la capacidad de reacción del sistema obteniendo más información y de mayor calidad; formando a los miembros de la organización para que hagan buen uso de la información; asegurándose de que los miembros de la organización tienen acceso rápido a los datos, y permitiéndoles tomar y ejecutar decisiones bien documentadas, basadas en la información; y transmitiéndola de forma eficaz a los miembros de la organización y al público. La importancia básica de la información también es mi principio básico de la teoría moderna de la organización, sobre todo de la teoría asociada a la Gestión de la Calidad Total (GCT).

En el capítulo 1 Sun Tzu nos insta a que lo estudiemos todo antes de pasar a la acción. Señala que debemos evaluar los factores críticos de la situación competitiva para determinar cuál de las partes tiene mayores probabilidades de ganar. Aunque la ciencia moderna de la probabilidad y de la estadística no se conocía en tiempos de Sun Tzu, la idea de evaluar las probabilidades relativas de los posibles resultados concretos de los actos se comprendía bien. La comprensión de las probabilidades y la reducción del impacto de los sucesos desconocidos eran principios esenciales en el pensamiento de Sun Tzu. La comprensión de las probabilidades y la reducción del impacto de los sucesos desconocidos también son principios básicos de los métodos de mejora propugnados por W. Edwards Deming, Shigeo Shingo, y otros.

Un aspecto primordial de la filosofía oriental es la idea de que el universo está cambiando constantemente. Los seres humanos, si quieren sobrevivir, deben ser flexibles y adaptables para poder reaccionar ante estos cambios. Las organizaciones naturales son completamente flexibles y adaptables. Se estructuran en función de los requisitos que les imponen sus objetivos y de la forma del entorno. Como el agua que corre, rodean los obstáculos y las dificultades y siempre buscan el camino más eficaz. Como el agua, carecen eminentemente de forma. Reaccionan rápidamente y se adaptan con facilidad a las nuevas circunstancias. Si esta descripción les parece familiar, ello se debe a que el «cambio continuo» y la «mejora continua» son la clave de la revolución japonesa de la gestión de empresas.

El modelo de organización eficaz de Sun Tzu podía figurar en una revista moderna de gestión de empresas. Su «organización natural» existe para cumplir un propósito definido; está basada en la información, y es flexible. Estas tres características suelen ser propias de las organizaciones con mayor éxito de nuestros tiempos.

Los principios del éxito para Sun Tzu

Para la mayor parte de las personas y de las organizaciones los campos de batalla de hoy día no son lugares físicos que se puedan situar en un mapa. Las batallas de hoy tienen lugar en las mentes de los electores[1] de una organización, o dentro de un individuo. Entre los electores de la organización se cuentan los clientes, los trabajadores, los accionistas, los políticos, los periodistas, los proveedores y, en general, casi todas las personas que entran en contacto con la asociación. Entre los electores de los individuos se pueden contar los socios, los superiores, los clientes, los asesores, la familia y los amigos, además de los electores de las organizaciones a las que el individuo presta su trabajo o sus servicios. Las organizaciones y los individuos ganan y pierden en el campo de batalla sobre la base de la eficacia con que manipulen las impresiones y las opiniones de los electores.

Las batallas de hoy son batallas de información, porque la información determina tanto las impresiones corno las opiniones. Los que hagan un uso eficaz de las armas de la información, tanto para atacar como para defenderse, ganarán. Los que no lo hagan, perderán. La antigua sabiduría de Sun Tzu para librar batallas tradicionales se puede aplicar igualmente para librar batallas de información.

La esencia de la sabiduría de Sun Tzu se puede resumir en diez principios breves:

---

[1] Traducimos por *electores, electorados,* los términos *constituents, constituencies,* propio de la terminología de la escuela de la Gestión de la Calidad Total en la gestión de empresas. *(N. del T.)*

Los principios de Sun Tzu

1. Aprende a combatir.
2. Muestra el camino.
3. Hazlo bien.
4. Conoce los hechos.
5. Espera lo peor.
6. Aprovecha el momento.
7. Quema las naves.
8. Hazlo mejor.
9. Empujad todos juntos.
10. Que no adivinen tus intenciones.

Estos diez principios constituyen la base del éxito competitivo. ¡Apréndetelos bien! (Estos principios se estudian con más detalle en el *Apéndice.*)

Organización del texto

El Arte de la guerra de Sun Tzu contiene trece capítulos en su formato tradicional. En nuestro texto mantenemos el formato de trece capítulos. El texto original parece una colección de notas tomadas en una serie de sesiones de estudio informales. Si bien en cada capítulo se estudia un aspecto ligeramente distinto de la guerra, los textos están muy interrelacionados entre sí. El libro no va pasando con orden de un tema a otro; por el contrario, salta con frecuencia de un tema a otro. Solo los capítulos 12 y 13 («Ataques con fuego» y «La recogida de información») se ciñen estrictamente a un solo asunto.

En este libro se contienen, en realidad, dos interpretaciones del texto de Sun Tzu. La primera, que es la principal, está pensada para ayudar al lector empresarial moderno a hacer uso del texto en las situaciones empresariales de todos los días. La filosofía subyacente en la interpretación principal procede de tres fuentes principales. La primera fuente es Sun Tzu y los muchos comentarios de su obra que se han escrito. La segunda fuente son las ideas de los pensadores empresariales modernos (Tom Peters, Peter Drucker, Warren Bennis y otros muchos). La tercera fuente son los escritos de los estrategas militares (Helmuth van Moltke, George S. Patton y J. F. C. Fuller) sobre los principios del éxito en las batallas. Los párrafos de las interpretaciones principales están numerados para facilitar su empleo y su estudio.

Una segunda interpretación es la que se contiene en las páginas que aparecen a intervalos regulares a lo largo del libro y que contienen un texto que se distingue fácilmente del resto por su diseño. Estas páginas dan a conocer al lector el estilo del texto original de Sun Tzu, que contiene bastantes confusiones y expresiones chinas. En estas páginas solo se contienen las partes más importantes de cada capítulo. En su conjunto, las dos interpretaciones que aparecen en este libro aportan al lector la sustancia y el sabor de Sun Tzu de tal modo que puede aplicarse al entorno empresarial moderno.

NOTA DEL AUTOR: Los breves pasajes tomados de una traducción literal del texto original se han incluido para que el lector pueda apreciar las diferencias entre esta interpretación contemporánea de la sabiduría de Sun Tzu y una traducción literal de sus escritos.

Estimaciones

Sun Tzu dijo:

La guerra es el aspecto más importante para la supervivencia de la nación. Es el camino del existir o no existir. Todo el tiempo que se dedique a estudiarla será poco.

Por tanto, hacemos estimaciones basándonos en cinco principios y calculamos nuestras estrategias. A continuación, juzgamos nuestra línea de acción. El primero de los cinco principios se llama *Tao* (camino); el segundo se llama *Tien* (cielo); el tercero se llama *Di* (tierra); el cuarto se llama *Gian* (liderazgo) y el quinto se llama *Far* (ley).

Los vencedores realizan estimaciones en su templo antes de que comience la guerra. Lo tienen en cuenta todo. Los derrotados también realizan estimaciones antes de la guerra, pero no lo tienen en cuenta todo. Las estimaciones completas conducen a la Victoria. Las estimaciones incompletas llevan al fracaso. Cuando lo vemos desde este punto de vista, está claro quién ganará la guerra.

La planificación

I-I

La *competencia* es una cuestión de importancia vital para el ejecutivo. La competencia determina quién avanza y quién retrocede, quién tiene éxito y quién cae, quién tiene beneficios y quién tiene pérdidas, quién vive y quién muere. El único campo de batalla verdadero de la empresa es la mente de tus electores. Todo ejecutivo tiene unos electores a los que debe servir: esas personas a las que sirves directamente, como, por ejemplo, tus superiores y tus clientes personales, y aquellas personas a las que sirves indirectamente a través de los productos y de los servicios de tu organización. El impacto acumulado de los actos competitivos fomenta o deteriora tu poder y tu influencia. Es fundamental que tus actos competitivos estén planificados cuidadosamente y que se ejecuten debidamente.

I-2

Evalúa tus planes de competencia utilizando cinco factores básicos. Valórate a ti mismo y compara a tus competidores entre sí para determinar el mejor curso a seguir. Tenlo en cuenta todo.

I-3

Los cinco factores son: carácter, clima, estructura, liderazgo e información.

I-4

El carácter es el propósito esencial (el espíritu) de un individuo o de una organización. El carácter determina la impresión que produces tú y que producen tus productos a tus electores; el carácter determina si los electores se sienten en armonía con tus metas y objetivos. Cuando los electores comparten tu espíritu, te seguirán. Comprarán tus productos. Te ayudarán a alcanzar tus metas.

I-5

El clima es el impacto de la situación empresarial general y de la cultura política sobre la situación competitiva. Para que los actos competitivos sean eficaces, deben realizarse dentro de un clima adecuado.

I-6

La estructura es el modo en que está organizado y dirigido el trabajo. No es lo mismo que el modo en que se dirige a las personas. El estudio de la estructura incluye la evaluación del modo en que te financias tú o tu organización; de lo mejor o peor formados que estáis tus trabajadores y tú; de cómo desarrollas tú tus habilidades y de cómo desarrolla tu organización sus productos y sus servicios; de la medida en que tu organización y tú hacéis uso de la tecnología y de los recursos humanos; de lo flexibles o inflexibles, sensibles o insensibles, eficaces o ineficaces que sean tus políticas y tus procedimientos. La estructura determina las capacidades básicas de un individuo o de una organización.

Dentro de la estructura se incluye también la moda, la tecnología, el trabajo y los materiales, los obstáculos a la entrada, el personal clave, la estructura financiera y otros factores externos relacionados con tus resultados en el mercado. La interacción mutua de estos factores determina la facilidad o la dificultad de entrar en un mercado y dominarlo.

I-7

Dado que el liderazgo viene de dentro, el liderazgo dimana de las actitudes y de las capacidades de los individuos. El liderazgo de la organización es la suma total de las actitudes y de las capacidades de los ejecutivos clave. El liderazgo se puede valorar en función de siete factores: autodisciplina, decisión, logro, responsabilidad, conocimiento, cooperación con los subordinados y ejemplo.

I-8

La información consiste en recoger datos, datos recientes y precisos, sobre la realidad de las condiciones y de las circunstancias de la situación competitiva. ¡En la competencia no hay nada más importante que obtener datos! La información también significa producir impresiones. Las impresiones son los datos reales y ficticios que hacen moverse a tus competidores y a tus electores en la dirección que tú deseas.

I-9

Todo ejecutivo ha oído hablar de estos cinco factores. Los que los dominan vencerán; los que no los dominan perderán.

I-10

Cuando estudies la estrategia competitiva, evalúa cuidadosamente tus planes y recoge información formulando las preguntas siguientes.

I-11

¿Qué ejecutivo suscita el entusiasmo y la colaboración de sus subordinados y de sus compañeros? ¿Qué organización suscita el entusiasmo y la colaboración de sus clientes, sus ejecutivos, sus trabajadores, sus proveedores y otros partícipes? ¿Qué ejecutivos ejercen el liderazgo según los siete principios? ¿A qué ejecutivo lo favorece más el clima político actual? ¿A qué compañía la favorecen más las políticas y las circunstancias económicas actuales? ¿Quién practica la estrategia capaz de influir sobre más factores del mercado? ¿Quién tiene mejor organizados a sus trabajadores? ¿Dónde se fomenta verdaderamente la innovación?

I-12

¿Qué ejecutivo está mejor formado? ¿Qué organización tiene mejor formados a sus ejecutivos, a sus trabajadores, a sus clientes y a sus proveedores?

I-13

¿Qué ejecutivo forma a la gente? ¿Qué organización recompensa verdaderamente el mérito y fomenta el desarrollo personal?

I-14

Estudiando las respuestas a estas preguntas, cualquiera podrá predecir cuál es el plan con mayores posibilidades de éxito.

I-15

El ejecutivo que sigue estos consejos tendrá asegurado el éxito. Una persona así deberá ser colocada en un puesto de responsabilidad. El ejecutivo que hace caso omiso de estos consejos, fracasará. Una persona así deberá ser despedida.

I-16

Teniendo en cuenta las evaluaciones ya estudiadas, el ejecutivo deberá forjar planes de actos competitivos que le permitan sacar el mejor partido posible de sus puntos fuertes particulares dentro de su organización y extraer el mejor partido posible de los puntos fuertes de su organización dentro del mercado. Cuando hablo de actos competitivos, me refiero a actos que ponen al individuo o a la organización en conflicto con otros individuos u organizaciones. Sacar el mejor partido posible de tus puntos fuertes te otorga una ventaja competitiva.

I-17

Toda ventaja competitiva se basa en la ejecución eficaz de los planes. La mala ejecución echa a perder los planes superiores. La ejecución excelente salva los planes mediocres. Más aún: la ejecución excelente puede hacer un uso más eficaz de la innovación y de la información. Sorprende a tus competidores con su disposición y capacidad para la adaptación y para el cambio.

I-18

Busca constantemente, por tanto, nuevos planteamientos y métodos, consigue nuevos segmentos del mercado y clientes diferentes. Aun cuando un producto tenga éxito, búscale nuevas aplicaciones para los clientes antiguos y consíguele clientes nuevos entre los que no se habían tenido en cuenta antes.

I-19

Mantén tu buena fama y tu reputación excelente ante los que determinan tu futuro. Mantén presente la calidad y el valor de tus productos en las mentes de tus clientes. Mantén presente en tu propia mente, por encima de todo, las necesidades de tus clientes.

I-20

Atráete electores con la promesa apasionante de un mejor servicio y de unos beneficios mayores gracias al empleo de tus productos. Domina tu mercado gracias a la excelencia.

I-21

En las circunstancias en que tu competidor es fuerte, desarrolla productos y servicios innovadores. Busca indicadores de la falta de satisfacción de los electores. Cuando tu competidor es débil, haz hincapié en las ventajas de tus productos. Busca maneras mejores de prestar servicio.

I-22

Confunde a tus competidores con innovaciones constantes y ofreciendo un servicio superior. La innovación es la única arma contra la que no hay defensa posible.

I-23

Cuando tu competidor sea arrogante, sé humilde tú. Descubre por qué lo favorecen actualmente tus electores. Obra con sencillez. Solicita consejos. A base de preguntas prudentes descubrirás los puntos flacos de tu competidor.

I-24

Agota a la competencia prestando una atención implacable a las necesidades de tus electores.

I-25

Allí donde tu competidor no ve más que una manera de cubrir una necesidad, descubre tú dos o tres más. Divide el mercado en segmentos menores, más rentables. ¡Piensa bien cómo puedes beneficiar a aquellos a los que prestas servicio!

I-26

Aprende más acerca de las personas que utilizan tus productos. Recoge una información mejor. Crea productos y servicios nuevos que cubran unas necesidades no reconocidas hasta ahora. Obra rápidamente, antes de que tu competidor se entere.

I-27

Estas son las claves de la superioridad del ejecutivo. Aplícalas en las circunstancias adecuadas.

I-28

El ejecutivo que traza meticulosamente planes en su oficina antes de entrar en la competencia comprende el modo de aprovechar al máximo sus propios puntos fuertes y los de su organización. Provisto de planes cuidadosos, uno puede predecir qué acciones alternativas ofrecen mayores oportunidades. Con una ejecución excelente, uno puede convertir estas oportunidades mayores en una victoria definitiva.

Hacer la guerra

Sun Tzu dijo:

Para reunir un ejército, el general necesita millares de carros de guerra, decenas de millares de carretas y de carros de transporte y centenares de miles de soldados. Los suministros deberán ser transportados a miles de *li* de distancia. Habrá gastos para pagar a los oficiales y al estado mayor; gastos para pagar a los soldados, gastos para comprar carros de guerra, armaduras de cuero, flechas, lanzas y espadas, gastos por muchos conceptos. Se gastarán miles de *liang* (monedas) de oro cada día para reunir el ejército.

Los actos competitivos

II-I

Las acciones competitivas deben ser apoyadas con recursos personales y de la organización. Los más importantes de estos recursos son tu creatividad y el compromiso de tus trabajadores.

II-2

Cuanto mayor es el alcance de las acciones, mayor es el gasto de recursos. Los recursos deben estar disponibles antes de pasar a la acción.

II-3

La meta de las acciones competitivas es una victoria rápida. Si la victoria se retrasa, la visión se oscurece y el entusiasmo se marchita. Si una lucha se alarga durante mucho tiempo sin resultados, se agotará la fuerza de la decisión de las personas.

II-4

Cuando las acciones competitivas se prolongan, los recursos no serán suficientes.

II-5

Cuando tu creatividad se apaga, cuando tu compromiso decae, cuando tu entusiasmo mengua y cuando tus fondos se agotan, los competidores se aprovecharán de tu debilidad. Cuando eso sucede, ningún ejecutivo, por prudente que sea, puede evitar la decadencia de su carrera y la pérdida de negocio.

II-6

Si bien sabemos que las operaciones competitivas ejecutadas apresuradamente pueden ser problemáticas, nunca hemos visto operaciones competitivas vencedoras en las que se derrochase tiempo. La operación competitiva vencedora no tiene que ser complicada necesariamente. Para vencer, haz cosas sencillas bien ¡y deprisa!

II-7

Las estrategias que derrochan tiempo y agotan los recursos no dan resultado jamás.

II-8

Los ejecutivos que no son capaces de equilibrar el riesgo con la oportunidad no pueden prosperar en el entorno empresarial moderno. Las claves son la agilidad y la innovación. Solo los que se sientan cómodos entre los tropiezos y las ambigüedades de la ejecución rápida pueden gestionar provechosamente los productos y los servicios nuevos. Solo los que aprecian el conocimiento que es fruto de los fracasos fugaces pueden lograr éxitos duraderos.

II-9

Un ejecutivo hábil no duda en hacer uso de los recursos que tiene bajo su mando. Ataca inmediatamente a la competencia. Obtiene información preciosa por el contacto, directo con sus electores. No derrocha tiempo hablando con miembros de la empresa que están más alejados que él de la situación competitiva. Estar un paso por delante de la competencia vale más que cualquier otra cosa. Ganar ese paso de ventaja es el mayor deseo del ejecutivo prudente.

II-10

Un ejecutivo hábil forma el equipo más consistente que le es posible con las personas de su empresa. Deja que la competencia le enseñe el modo de prestar mejor servicio. Así, siempre está aumentando su cuota de electores. Forja su fortuna por medio de una actuación destacada.

II-11

Cuando un ejecutivo fracasa en las operaciones competitivas, se debe a que se ha apoyado excesivamente en el conocimiento interno o en la sabiduría popular. La sabiduría popular es un cuerpo de supuestos incontrovertibles que todo el mundo considera ciertos. La sabiduría popular existe dentro de todas las organizaciones. El valor de la información que ofrecen las personas que no conocen personalmente a los electores es prácticamente nulo, sobre todo en las épocas de cambios rápidos. Las decisiones tomadas lejos de los electores empobrecen al ejecutivo.

II-12

La información reciente y precisa es el alma del éxito en la competencia. Cuando se obtiene de fuentes externas, la información es costosa. La información costosa agota los recursos de la empresa.

II-13

La información más costosa es la que está anticuada. Un 70 por 100 del valor de la información se debe a su carácter reciente. Los recursos que se gastan para recoger datos de ayer se derrochan. Para conservar los datos de ayer se consumen grandes cantidades de dinero y de potencial humano disponible.

II-14

El ejecutivo prudente recoge información reciente entre sus electores y entre sus competidores. Una nueva idea de producto generada en una conversación con un cliente verdadero vale más que cualquier cantidad de ideas generadas por consultores o por la dirección.

II-15

Para dominar, tu equipo y tú (desde la cúspide hasta la base) debéis estar apasionados por los servicios que proporcionáis y por los productos que representáis.

II-16

Para ganarte el ánimo de tus empleados, debes ofrecerles recompensas claramente definidas y valiosas. Debes recompensar al grupo por ganar cuota de mercado. Pero las personas individuales también deben poder alcanzar recompensas basadas en sus méritos individuales.

II-17

Cuando alguien proporciona a un cliente un servicio destacado, recompénsalo abiertamente. Presenta su servicio como ejemplo que deben seguir los demás y ofrece recompensas seguras y significativas a la excelencia.

II-18

Trata bien a tus empleados; fórmalos a conciencia. El éxito de la organización se basa en el éxito individual de sus miembros.

II-19

Este es el modo en que puedes dominar una situación y crear los recursos necesarios para aprovechar la siguiente oportunidad.

II-20

Lo importante en las operaciones competitivas son los resultados rápidos, no la actividad prolongada. El ejecutivo que comprende el modo de entusiasmar a su equipo y de dominar un mercado se convertirá en piedra angular de su empresa.

La estrategia militar

Sun Tzu dijo:

En general, la mejor aplicación de la fuerza militar es la conquista de todo un país; destruir el país es peor. Los antiguos guerreros que sabían hacer buen uso de la fuerza militar derrotaban al ejército del enemigo, pero no por medio de batallas. Se imponían en el país del enemigo, pero no por la fuerza. El objetivo era conquistar las cosas intactas. De este modo, los soldados no morían y nuestro señor conseguía un botín mayor. Por tanto, el general que gana todas las batallas destruyendo a otros ejércitos no es el guerrero más consumado de todos. El guerrero más consumado de todos es el que gana la guerra obligando al enemigo a rendirse sin haber librado ninguna batalla.

La mejor estrategia militar es, pues, la toma de posiciones superiores. En segundo lugar, recurre a la diplomacia. En tercer lugar, utiliza la fuerza militar como amenaza. Solo debes atacar a tu enemigo cuando haya fracasado todo lo demás.

III
La estrategia competitiva

III-1

En general, es mejor dominar toda una organización o un mercado con un servicio superior y con las innovaciones que destrozarlo con tácticas destructivas. Arruinar a un competidor es peor que adquirir intactos todos sus recursos.

III-2

Es mejor capturar al electorado de un competidor que destruir su reputación; es mejor reclutar a sus empleados productivos que destruir sus puestos de trabajo; es mejor apoderarse de sus canales de distribución que empañar la imagen de su compañía.

III-3

Para ganar cien batallas campales contra un competidor no hace falta gran habilidad. La meta última es ganarse la aprobación de todo un electorado (es decir, convertirse en proveedor único de un servicio) sin librar batallas definitivas. Los que alcanzan esta meta lo hacen por medio de una estrategia de atención incansable al servicio. En lugar de librar costosas batallas campales, introducen innovaciones para crear productos superiores.

III-4

La estrategia ideal consiste en dejar obsoletos los productos o los servicios del competidor por medio de la innovación.

III-5

La segunda mejor estrategia consiste en crear fórmulas nuevas de proporcionar productos o servicios.

III-6

La tercera mejor estrategia consiste en comercializarse de una manera más eficaz.

III-7

La peor estrategia de todas es atacar directamente la reputación o el producto de un competidor. Esta estrategia es fruto de la desesperación. Suele conducir a la ruina a todas las partes que intervienen.

III-8

Embarcarse en la competencia destructiva es, a la larga, contraproducente. Tu meta es proporcionar un servicio superior que merece un alto concepto por parte de los electores. ¿Cómo podrás lograrlo a base de destruir la reputación de tus competidores, destruyendo quizá la tuya al mismo tiempo?

III-9

Si un ejecutivo es incapaz de contener su impaciencia y aspira a destruir a sus competidores con ataques directos, derrochará al menos un tercio de sus recursos sin conseguir gran cosa. Las consecuencias de tal estrategia son desastrosas.

III-10

El ejecutivo hábil vence por medio del conocimiento y de la imaginación. Crea productos mejores; descubre necesidades no cubiertas; proporciona más satisfacción. Rebasa a sus competidores en la mente del elector sin recurrir a las batallas campales ni a las campañas largas.

III-11

Tu objetivo es apoderarte de un grupo de electores dejándolo intacto, apareciendo como superior a sus ojos. Así se conservarán tus recursos y tus beneficios serán mayores. Este es el arte de la estrategia competitiva eficaz.

III-12

La filosofía de la estrategia competitiva es la siguiente: si tu base de clientes ya es de cinco a diez veces mayor que la de tus competidores, presiona con fuerza a la competencia con tu servicio agresivo. Domina la situación con tu presencia. Invierte tus recursos en la investigación y en la innovación.

III-13

Si tienes el doble de clientes, asegúrate de que comprendes por qué eligen tu producto y por qué pueden elegir el de tus competidores. Habla con tus electores. Redefínete a ti mismo y diferénciate. ¿En qué sentido eres diferente? ¿En qué sentido eres superior?

III-14

Si te repartes el poder y la influencia a partes iguales con tus competidores, aspira a dividir el grupo de electores en grupos menores y más rentables que puedas dominar. Búscate, además, nuevos electores para los servicios ya existentes. ¿Qué servicios adicionales puedes proporcionar? ¿Puedes cubrir necesidades fuera de tu electorado tal como está definida actualmente? Mírate a ti mismo con ojos nuevos.

III-15

Si eres más débil que tu competencia en una situación dada, defiende tu posición si te es posible, pero muéstrate dispuesto a dejarla a favor de un electorado más rentable que puedas dominar. Recuerda: el dominio proporciona muchas ventajas. Una de ellas es la mayor rentabilidad, otra es el estado de ánimo superior. ¡Si un electorado ya existente está agostando tus recursos, descubre o créate otro tan pronto como puedas! Una muerte lenta no deja de ser una muerte.

III-16

Y si tus productos son inferiores en todos los sentidos a los de tus competidores, abandona a estos electores. Ni siquiera el deseo vivo y el esfuerzo intenso pueden superar los defectos decisivos. Invierte tus recursos en una situación más prometedora.

III-17

Los ejecutivos son unos líderes a los que se ha encomendado la supervivencia y el desarrollo de sí mismos y de su organización. Si un líder es inteligente y valiente, su organización y él prosperarán y se desarrollarán con toda seguridad. Si un líder es pasivo y débil, su organización y él morirán, también con toda seguridad. ¡El éxito o el fracaso vienen determinados únicamente por el liderazgo!

III-18

El ejecutivo de alto nivel puede causarse problemas a sí mismo y causárselos a su organización de tres maneras.

III-19

En primer lugar, puede causar problemas al obrar por ignorancia. Por ejemplo, cuando ignora que no debe empren-

der acciones competitivas, crea problemas al emprender-
las o, cuando ignora que en realidad está venciendo en las
acciones competitivas en marcha, pierde oportunidades al
mandar que cesen. Los ejecutivos de alto nivel que dictan
órdenes sin tener un conocimiento de primera mano se
ponen trabas a sí mismos.

III-20

En segundo lugar, puede causar problemas al centrarse en
las reglas más que en los clientes. Cuando los ejecutivos con
mentalidad orientada a los procedimientos intentan gober-
nar los actos de las empresas a base de reglas engorrosas, los
empleados se quedan confusos y el servicio a los clientes se
resiente. Las organizaciones cuyo propósito es ofrecer un
servicio para justificar su propia existencia, más que por
el bien del cliente (como hacen, por ejemplo, las agencias
gubernamentales), pueden permitirse el lujo de tener reglas
engorrosas, pues el servicio a los clientes no es su mayor
prioridad. La innovación y el desarrollo se rigen, no obstante, por la agresividad, la flexibilidad y la creatividad. El
ejecutivo eficaz debe saber prosperar entre la incertidumbre
y la ambigüedad.

III-21

En tercer lugar, puede causar problemas al ascender a los
que carecen de habilidad y de valor. Cuando a un ejecutivo se

le asigna un cargo de autoridad basándose en unos factores que no están relacionados con su capacidad, los empleados se vuelven escépticos y desconfiados. Así empeora, inevitablemente, el ánimo de los empleados. ¡El buen liderazgo lo es todo! La autoridad debe recaer en las manos de los que saben dirigir.

III-22

Si los empleados están confusos y faltos de motivación por los actos de un ejecutivo de alto rango, los competidores se apoderarán de los electores. La debilidad interna da fuerza a los competidores.

III-23

Hay cinco indicadores que anuncian quién dominará.

III-24

El líder que sabe cuándo debe luchar y cuándo debe retirarse, vencerá.

III-25

El líder que emplea unos recursos adecuados para el desafío con que se encuentra vencerá.

III-26

El líder que es entusiasta e innovador vencerá.

III-27

El líder que hace uso de información precisa y reciente para tomar decisiones, vencerá.

III-28

El líder que no tiene que cargar con reglas onerosas ni con un personal problemático, vencerá.

III-29

Si conoces a tus electores y a tus competidores y te conoces a ti mismo, tus estrategias no fracasarán, aunque te tengas que enfrentar a cien desafíos.

III-30

Si solo te conoces a ti mismo, pero no conoces a tus electores ni a tus competidores, puedes esperar tantos fracasos como éxitos.

III-31

Si no te conoces a ti mismo, además de no conocer a tus electores ni a tus competidores, fracasarás en todas las ocasiones.

Disposiciones estratégicas

Sun Tzu dijo:

Los grandes guerreros antiguos empezaban por hacerse invencibles. A continuación, esperaban el momento vulnerable del enemigo. No ser vencidos depende de uno mismo; vencer depende de los actos del enemigo. Así pues, el guerrero hábil puede mantenerse siempre imbatido, pero es posible que su enemigo no sea vulnerable. Por tanto, el que no puede vencer, se defiende. Pero el que puede vencer, ataca.

Los guerreros antiguos no quedaban victoriosos porque tuviesen una sabiduría infinita ni porque tuviesen un valor sin límites. Lo que hacían los antiguos guerreros era no cometer errores. Todas sus estratagemas presagiaban la victoria. Así, los que se defendían bien se escondían en los rincones más recónditos de la tierra y sus nueve aspectos. Los que atacaban bien golpeaban desde lo más alto del cielo. Esperando la vulnerabilidad del enemigo, triunfaban con toda seguridad.

IV

La toma de posiciones

IV-I

Los ejecutivos eficaces se sitúan y sitúan sus productos de tal modo que puedan sobrevivir. Después esperan la oportunidad para actuar.

IV-2

La supervivencia depende de tus propios actos; la oportunidad de triunfar depende de los actos de los demás.

IV-3

Por tanto, si bien el ejecutivo eficaz siempre es capaz de sobrevivir, no siempre es capaz de triunfar.

IV-4

Se dice: Puede conocerse el camino que conduce a la victoria, pero no se puede forzar la victoria misma.

IV-5

La supervivencia depende de una defensa cuidadosa; la victoria es consecuencia de tomar la iniciativa y de actuar en el momento adecuado.

Sun Tzu dijo:

Un gran general establece su posición allí donde no puede ser derrotado. No pasa por alto ninguna oportunidad de aprovechar la debilidad de su enemigo. El general victorioso crea las condiciones que conducen a la victoria desde antes de comenzar la guerra. El general derrotado emprende la guerra sin saber el modo de ganarla. El gran comandante en jefe empieza por cultivar su propio carácter y desarrolla una organización fuerte. Así gestiona con eficacia los factores que son fundamentales para su éxito o para su fracaso. Los elementos de la estrategia son, en primer lugar, la medida; en segundo lugar, la estimación; en tercer lugar, el cálculo; en cuarto lugar, la comparación y, en quinto lugar, la victoria. El terreno genera medidas. Las estimaciones se basan en las medidas. Los cálculos, en las estimaciones. Las comparaciones, en los cálculos. Y la victoria se basa en las comparaciones. De esta forma, el ejército victorioso lucha contra su enemigo como un peso pesado contra un peso ligero, o como un río caudaloso que corre por un desfiladero. No es posible detenerlo. El éxito en la guerra es una cuestión de tomar posiciones.

IV-6

Si tus recursos no son adecuados, aplica un planteamiento defensivo. Cuando el momento sea oportuno, muévete con rapidez.

IV-7

Los ejecutivos eficaces defienden posiciones inatacables. Los ejecutivos eficaces emprenden sus actos desde posiciones eminentemente ventajosas. Así alcanzan la victoria sin correr el peligro de ser derrotados.

IV-8

Controlar una situación por medio del enfrentamiento o de la emoción no indica una capacidad superior. Al fin y al cabo, no hace falta gran habilidad para hacer que los otros se retiren desconcertados.

IV-9

Tampoco hace falta para quedar victoriosos en una discusión acalorada en un lugar público.

IV-10

Los ejecutivos muy eficaces alcanzan victorias que parecen fáciles.

IV-11

Los ejecutivos muy eficaces no son unas personas dotadas de sabiduría extraordinaria ni de valor temerario.

IV-12

Los ejecutivos muy eficaces vencen, más bien, porque no cometen errores. Como son competentes, cada una de las estrategias que aplican contribuye a su éxito final. Esperando a que los demás les proporcionen la oportunidad, se sitúan a sí mismos para vencer.

IV-13

Los ejecutivos eficaces toman posiciones en las que pueden sobrevivir. No pasan por alto ninguna ocasión para aprovechar las oportunidades que les proporcionan sus electores.

IV-14

El ejecutivo triunfador crea las condiciones que conducen a la victoria antes de tomar ninguna iniciativa. El ejecutivo perdedor toma la iniciativa antes de saber cómo vencer.

IV-15

Cuando el ejecutivo eficaz se encuentra en una posición fuerte, cultiva su propio carácter y desarrolla una organización capaz de reaccionar. De esta forma, controla los factores que son esenciales para su éxito o para su fracaso.

IV-16

Al tomar la iniciativa, considera cuidadosamente la estrategia. Los elementos de la estrategia son: identificar las oportunidades, recoger los datos, analizar las alternativas, juzgar la conveniencia y pasar a la acción.

IV-17

La situación, es decir, los actos o las decisiones de los demás en el mercado o en la organización, produce oportunidades.

IV-18

Los datos aclaran la situación. Las alternativas se basan en los datos. La conveniencia se basa en la evaluación de las alternativas. Y la acción se basa en la conveniencia.

IV-19

El ejecutivo eficaz domina a sus electores como un peso pesado contra un peso ligero, o como un río caudaloso que corre por un desfiladero. No es posible detener su impulso.

IV-20

La capacidad de triunfar es una cuestión de tomar posiciones. Espera la oportunidad que proporcionan los demás. Ejecuta las estrategias eficaces en el momento adecuado.

El poderío estratégico

Sun Tzu dijo:

Combatir contra muchos es lo mismo que combatir contra pocos. Es una cuestión de formaciones y de comunicaciones. Cualquier ejército puede combatir sin perder. Es una cuestión de ortodoxia o de heterodoxia. Cuando un ejército supera al enemigo como una piedra de molino que aplasta huevos, es una cuestión de vacuidad y de plenitud. El enemigo no sabe dónde debe defenderse.

Para un comandante en jefe hábil, el impulso es como una ballesta montada y la elección del momento es la nuez que libera el dardo con una precisión mortal. Así pues, el gran guerrero produce impulso; después, en el momento adecuado, lanza sus tropas contra el enemigo como quien tira piedras rodando por la ladera de una montaña. Su victoria es una cuestión de impulso y de elección del momento.

V

La oportunidad y la elección del momento

V-1

Los principios que se aplican para dirigir un grupo grande por regla general son los mismos que se aplican para dirigir un grupo pequeño. Es una cuestión de organización adecuada.

V-2

El enfrentamiento con un competidor fuerte es igual al enfrentamiento con un competidor débil. Es una cuestión de crear oportunidades favorables y de aprovechar el poder de la elección del momento.

V-3

En general, un ejecutivo puede sobrevivir dentro de la estructura de poder de su organización. Es una cuestión de realizar actos apropiados y de ofrecer a su electorado un servicio adecuado.

V-4

Pero cuando un ejecutivo domina una situación, ello se debe a que crea oportunidades y a que comprende la elección del momento. Es una cuestión de dar muestras de fuerza y de debilidad aparente, de realidad y de ilusión. Los competidores no saben de qué deben defenderse.

V-5

En las situaciones competitivas lo normal es utilizar tácticas esperadas para enfrentarse al adversario. Pero es el poder que se crea por el empleo de las tácticas inesperadas (es decir, el empleo innovador de las personas y de la información) lo que asegura la victoria.

V-6

El ejecutivo que tiene habilidad en el empleo de las tácticas inesperadas dispone de infinitos recursos. Para él, el paso de las tácticas esperadas a las tácticas inesperadas, y viceversa, es un movimiento tan regular como el de la superficie de un gran río.

V-7

Lo esperado y lo inesperado terminan y vuelven a comenzar como el Sol y la Luna. Siguen un ciclo de muerte y de vida como las cuatro estaciones.

V-8

En la música solo se utilizan cinco notas, pero no nos bastaría una vida entera para oír sus combinaciones infinitas.

V-9

En la pintura solo se utilizan cinco colores, pero no nos bastaría una vida entera para ver sus combinaciones infinitas.

V-10

En el arte de la cocina solo hay cinco sabores, pero no nos bastaría una vida entera para probar sus combinaciones infinitas.

V-11

La competencia dentro de las organizaciones y dentro del mercado hace surgir oportunidades para aplicar tanto las tácticas esperadas como las inesperadas. No nos bastaría una vida entera para agotar las posibilidades que proporciona el empleo innovador de las personas y de la información.

V-12

Las tácticas esperadas y las inesperadas se crean mutuamente en el flujo y en el reflujo del conflicto, como un círculo que no tiene punto de partida. Tus adversarios no tienen ocasión de saber dónde empiezan las unas y dónde terminan las otras.

V-13

Cuando la fuerza del agua torrencial aparta rocas enormes, se debe a su poder arrollador.

V-14

Cuando la velocidad de un halcón que cae en picado rompe el cuello de su presa, se debe a la elección precisa del momento.

IV-15

Para el ejecutivo hábil, la oportunidad es como una plataforma de lanzamiento, y la elección del momento es botón que dispara el proyectil con una precisión mortal.

V-16

El ejecutivo hábil crea una situación de presión intensa para su competidor y elige el momento de realizar sus actos con resultados infalibles.

V-17

En la confusión de la lucha política dentro de la organización o del mercado competitivo el ejecutivo hábil reconoce pautas en las actividades de sus rivales, mientras que él da la impresión de moverse al azar, casi como si se moviera en círculo. Parece confundido, pero no es posible derrotarlo.

V-18

El desorden aparente es fruto de la organización experta. La apariencia de miedo es fruto de un gran valor. La apariencia de debilidad es propia del que es consciente de su fuerza.

V-19

El ejecutivo muy eficaz, que sabe burlar a sus competidores en las situaciones competitivas, produce oportunidades favorables al atraer con engaños a sus competidores hacia posiciones vulnerables con la promesa de una ganancia fácil. Allí los espera con el poder abrumador que es fruto de la combinación de lo esperado con lo inesperado, de lo evidente con lo innovador.

V-20

De este modo, el ejecutivo prudente crea la victoria con su propia iniciativa. No depende de que los demás le otorguen el éxito.

V-21

Elige a las personas más apropiadas para que lleven a cabo sus propósitos en el momento crucial.

V-22

Las personas de las que se sirve deben ser como piedras redondas. Toda piedra, sea cual sea su forma, está quieta cuando reposa en un terreno llano. Cuando el terreno es irregular y se aplica fuerza, la piedra redonda se mueve con facilidad.

V-23

Así pues, el ejecutivo hábil genera circunstancias irregulares que actúan a su favor; después, en el momento oportuno, lanza contra su competidor a las personas que ha elegido, como quien hace rodar piedras redondas por la ladera de una montaña empinada.

La vacuidad y la plenitud

Sun Tzu dijo:

El guerrero hábil mueve a su oponente; no permite que el adversario lo mueva a él. Ante un atacante hábil, el enemigo no sabe qué punto debe defender; ante un defensor hábil, el enemigo no sabe qué punto debe atacar. Informes e invisibles, somos los árbitros del destino del enemigo. Es fuerte el que obliga al enemigo a reaccionar; es débil el que debe reaccionar ante el enemigo.

Por tanto, el gran general hace caer en una trampa al enemigo, pero conserva su propia libertad. Genera una ventaja abrumadora allí donde el enemigo es débil. Yo lo creo así: aunque el enemigo tenga un gran número de soldados ¿de qué le sirve eso para vencer, si soy yo el que controlo la situación?

VI

El control

VI-1

Los que se preparan rápidamente y a fondo esperan con tranquilidad el enfrentamiento; los que se preparan más tarde, se precipitan y se agotan.

VI-2

El ejecutivo hábil obliga a moverse a sus competidores; no permite que los competidores lo muevan a él.

VI-3

El ejecutivo hábil hace avanzar a su competidor, ofreciéndole ventajas aparentes; impide que su competidor ataque dejando al descubierto desventajas aparentes. Así, sus competidores solo avanzan cuando él está preparado.

VI-4

Obliga a sus rivales a moverse constantemente y a oscuras. Cuando un competidor está cómodo, le causa dificultades. Cuando un competidor está satisfecho, le causa insatisfacciones. Cuando un competidor está tranquilo, lo hace agitarse.

VI-5

El ejecutivo hábil aparece allí donde la competencia debe moverse precipitadamente para defenderse de él; se dirige allí donde sus competidores menos se lo esperan.

VI-6

El ejecutivo hábil sitúa sus recursos con facilidad, porque empieza por ocupar terrenos que los demás no le disputan.

VI-7

Los movimientos ofensivos del ejecutivo de habilidad suprema siempre tienen éxito porque ataca puntos que no se pueden defender. Las posiciones defensivas del ejecutivo de habilidad suprema no fracasan nunca porque defiende puntos que no se pueden atacar.

VI-8

Ante un atacante tan hábil, la competencia no sabe qué puntos debe defender; ante un defensor tan hábil, la competencia no sabe qué puntos debe atacar.

VI-9

Las estrategias mejores son sutiles. No tienen forma perceptible. Las estrategias mejores están ocultas. No se pueden descubrir. Siendo informes e invisibles, podemos controlar el destino del competidor.

VI-10

Cuando el ejecutivo hábil somete a presión a su competencia, se centra en los puntos débiles y es imparable.

Cuando el ejecutivo hábil cambia su posición, se mueve con rapidez y no es posible desviarlo de su camino.

VI-11

Si todas las consideraciones indican que ha llegado el momento de un enfrentamiento, aun cuando el competidor se oculte detrás de una gran reputación o de una puerta cerrada, deberá salir si ve amenazada una cuestión importante o un mercado fundamental.

VI-12

Si ha llegado el momento de un enfrentamiento, aunque el competidor adopte posturas de amenaza, no puede hacer daño si no tiene ningún objetivo al que pueda aspirar.

VI-13

El ejecutivo de habilidad suprema obliga a la competencia a moverse, pero él conserva su propia libertad. Divide a la competencia manteniéndose él intacto. Distrae a la competencia mientras él se mantiene centrado. De esta forma es capaz de aprovechar muchos recursos para ejercer presión sobre puntos que están defendidos con menos recursos. Genera una ventaja abrumadora. Concentra la fuerza contra la debilidad.

VI-14

Cuanto menos idea tenga un competidor de dónde pretendemos concentrar nuestra atención, más fuertes somos. Si el competidor debe dispersar sus recursos entre demasiados puntos para hacer frente a nuestro desafío, cada uno de los puntos será más débil.

VI-15

Cuando un competidor refuerza un departamento, debilita otro. Cuando refuerza un producto, debilita otro. Cuando se concentra en un electorado, olvida a otro. Si intenta ser fuerte en todas partes, será débil en todas partes.

VI-16

Es fuerte el que obliga a la competencia a reaccionar; es débil el que debe reaccionar ante la competencia.

VI-17

Cuando un ejecutivo controla el momento y el lugar donde se librará un encuentro, puede hacer preparativos cuidadosos y detallados sin arriesgarse al fracaso. Cuando no controla el momento y el lugar donde se librará la batalla, sus preparativos serán inadecuados por muchos recursos que dedique al enfrentamiento y fracasará.

VI-18

Así lo creo yo: si controlo la situación, ¿de qué sirven a la competencia sus recursos, aunque sean muy superiores?

VI-19

Por eso se dice: «Por medio del control, los hábiles pueden forjar la victoria por su habilidad». Aunque los recursos del competidor sean poderosos, yo puedo hacerle perder la voluntad de combatir, por medio del control.

Sun Tzu dijo:

Es posible forjar la victoria por la maña. Aunque el enemigo sea numeroso, puedo hacerle perder la voluntad de combatir. Por tanto, tanteo cuidadosamente para determinar qué estrategias pueden vencer y cuáles perderán. Libro escaramuzas con el enemigo para conocer qué puntos defenderá y cuándo atacará. Tomo diversas posiciones para determinar dónde es fuerte y dónde es débil. Comparo mi ejército con el suyo para determinar sus capacidades e incapacidades relativas. Cuando desarrollo mi estrategia final, procuro que sea informe e invisible. La estrategia informe no la puede descubrir ni el mejor espía; la estrategia invisible no puede ser vencida ni por los consejeros más sabios. Derroto al enemigo controlando la situación, pero el enemigo no sabe cómo la controlo. Aunque todos puedan entender más tarde cómo se alcanzó la victoria, nadie puede entender el razonamiento que condujo al desarrollo de una estrategia determinada.

VI-20

Por consiguiente, tanteo cuidadosamente para determinar qué estrategias pueden vencer y cuáles fracasarán.

VI-21

Libro escaramuzas con la competencia para conocer qué puntos defenderá y cuándo piensan atacar.

VI-22

Adopto diversas posiciones para determinar dónde es fuerte y dónde es débil.

VI-23

Comparo mis recursos con los suyos para determinar sus capacidades e incapacidades relativas.

VI-24

Cuando desarrollo mi estrategia final, procuro que sea informe e invisible para mi competidor. La estrategia informe no la puede descubrir ni el mejor espía; la estrategia invisible no puede ser vencida ni por los asesores más prudentes.

VI-25

Derroto a la competencia controlando la situación, pero mis competidores no son capaces de descubrir cómo lo hice. Aunque todos ven que he alcanzado la victoria, nadie puede descubrir cómo se logró esa victoria. Mis resultados son evidentes, mis métodos son ocultos.

VI-26

Las estrategias que tienen éxito no se deben repetir jamás. Cada conflicto es una situación única.

VI-27

Las estrategias que tienen éxito fluyen como el agua; son las circunstancias del conflicto las que les dan forma. El agua, cuando fluye, evita los puntos altos y busca el terreno bajo. Del mismo modo, las estrategias de éxito evitan los métodos difíciles y encuentran los fáciles.

VI-28

Del mismo modo que el flujo del agua toma su forma del contorno de la tierra, el flujo de la victoria toma su forma de los actos del adversario.

VI-29

Así como el agua no tiene una forma constante, las tácticas de la victoria no tienen forma constante.

VI-30

En la naturaleza, ningún elemento es superior a todos los demás en todas las situaciones. Cada una de las cuatro estaciones llega y termina. Algunos días son más largos y algunos días son más cortos. La luna crece y mengua.

VI-31

Así, al ejecutivo que se forja la victoria por la maña, adaptando con éxito sus planes y sus recursos a los puntos fuertes y a las debilidades de su adversario, lo llaman genio.

Dirigir las maniobras del ejército

Sun Tzu dijo:

Nada es más difícil que dirigir las maniobras del ejército. El éxito en la dirección de las maniobras depende de engañar al enemigo y de hacerle dirigirse a otro punto. De este modo, aunque te pongas en marcha antes que el enemigo, llegarás primero al campo de batalla. Muévete hacia las situaciones ventajosas. Conserva tu libertad de movimientos. El que se mueva sin restricciones, vencerá. Los guerreros antiguos vencían por el engaño. El secreto del engaño es saber manipular las impresiones que se lleva el enemigo. Haz que lo lejano le parezca próximo y que lo próximo le parezca lejano. Haz que lo directo le parezca indirecto y que lo indirecto le parezca directo.

VII

La gestión del conflicto directo

❧

VII-1

Cuando un ejecutivo comprende la necesidad de entrar en conflicto con un competidor, reúne sus recursos, los organiza cuidadosamente y los pone bajo su control.

VII-2

El aspecto más difícil de la competencia a cualquier nivel es el ataque directo a un competidor. La victoria en un ataque directo depende del empleo eficaz de la información. Al planificar un ataque, recoge información del competidor y del mercado. Determina dónde se encuentran las ventajas y las desventajas reales. Determina qué es real y qué es ilusorio.

VII-3

Controla, además, la información que comunicas a tu competidor. Controlando bien la información, puedes engañar al competidor y hacer que siga un camino equivocado. Puedes llevarlo a adoptar una estrategia menos eficaz produciéndole impresiones falsas. De este modo, aunque te pongas en marcha más tarde que tu competidor, puedes llegar antes que él. Esto solo pueden conseguirlo los que comprenden las sutilezas del control de la información.

VII-4

El ataque directo puede utilizarse para ganar una ventaja, o puede utilizarse para evitar una pérdida.

VII-5

Si aspiras a ganar una ventaja, la elección del momento es fundamental. No movilices recursos innecesarios antes de avanzar. Eso te retardaría. Tu competidor se escaparía y perderías cualquier oportunidad de que dispusieras.

VII-6

Por otra parte, no disgregues tus recursos para avanzar por mor de la rapidez.

VII-7

Si te saltas los preparativos necesarios y entras apresuradamente en una situación difícil de conflicto, tendrás pocas posibilidades de éxito, aunque trabajes día y noche. Tus esfuerzos se dispersarán. Tus recursos se derrocharán. Tu motivación se destruirá.

VII-8

La preparación adecuada (que consiste en determinar la combinación de recursos que se deben aplicar y cuándo aplicarlos) es fundamental para el éxito en el ataque directo. Es imprudente arriesgarse con menos.

VII-9

Si te falta una formación eficaz o un material adecuado, serás derrotado. Si te falta un respaldo financiero adecuado, serás derrotado. Si te falta la información fresca, serás derrotado.

VII-10

El ejecutivo que no sabe cuáles son los objetivos, los recursos y los aliados de su competidor, no puede saber con quién puede establecer alianzas. Si no conoce las opiniones de los electores y el entorno político y del mercado, no puede centrar sus recursos.

VII-11

Si un ejecutivo no recurre a informadores internos y a consultores para descubrir los puntos fuertes y los puntos flacos de su adversario, no puede trazar planes que tengan éxito.

VII-12

El éxito en el ataque directo a un competidor depende de conseguir engañarlo. Si tu competidor conoce tus estratagemas podrá derrotarlas por buenas que sean. Céntrate en tu objetivo y mantén secreta tu estrategia. Mantén desequilibrado a tu competidor cambiando constantemente de forma.

VII-13

De este modo, tus métodos están ocultos. Puedes moverte con tanta rapidez como un vendaval o tan despacio como una brisa. Puedes atacar como el fuego violento. Puedes permanecer firme como una montaña inamovible. Puedes golpear como el rayo, que cae de entre la oscuridad, poderoso e inesperado.

VII-14

Divide los recursos humanos de la competencia y podrás entrar a saco en su electorado. Hazle perder la concentración, y vencerás.

VII-15

Si tú te mueves sin restricciones mientras obstaculizas los movimientos de tus competidores, vencerás.

VII-16

El secreto de la victoria en un ataque directo es conocer el modo de manipular las impresiones. Haz que las amenazas remotas parezcan próximas y que las amenazas próximas parezcan remotas. Haz que las estratagemas impracticables parezcan productivas y que las estrategias practicables parezcan improductivas.

VII-17

Los ataques directos producen emociones. En las circunstancias en que hay un estado emocional marcado, el razonamiento prudente puede entorpecerse. Además, puede dificultarse la comunicación clara entre los miembros de tu grupo.

VII-18

Por este motivo, desarrolla ciertos recursos que pueden utilizarse para volver a centrar la atención (tanto la tuya como la de tus empleados) sobre tus objetivos. Si las comunicaciones claras unifican a tus empleados, los que sean agresivos no intentarán iniciativas imprudentes, y los que son demasiado cautos no pasarán por alto las oportunidades de ganancia. Así es como se gestiona a las personas durante los conflictos.

法兵

Sun Tzu dijo:

El buen general evita al enemigo cuando este está lleno de ánimo. Ataca cuando el enemigo está cansado. El buen general espera con disciplina a que se produzca el caos. El buen general espera a que el enemigo acuda desde lejos. No ataques a una formación bien ordenada. No avances ladera arriba. No te retires ladera abajo. No persigas una falsa retirada. No ataques a las tropas selectas. No tomes el cebo que te tiende el enemigo. No interceptes a un enemigo que regresa hacia su casa. Cuando rodees al enemigo, déjale una salida. No presiones a un enemigo desesperado. Esta es la esencia de la dirección de las maniobras de un ejército.

VII-19

Recuerda, no obstante, que también tu competidor leerá tus emociones y tus mensajes. Por tanto, confunde a tu competidor mezclando mensajes falsos entre los verdaderos. Pero, para engañar a un competidor, se precisa un nivel elevado de autodisciplina y de compromiso por parte de los miembros de tu grupo.

VII-20

Es posible desmotivar al personal de la competencia; es posible distraer de su propósito a un ejecutivo hostil.

VII-21

Si observas atentamente a un competidor, advertirás que está animado en las primeras etapas. Después, se va desanimando. Cuando se vayan alargando las cosas, esperará con impaciencia una solución. Aprovéchate de esto.

VII-22

Evita al competidor cuando esté animado. Presiónalo cuando esté perezoso o cansado. Elige el momento de tus actos en función del estado de ánimo del competidor.

VII-23

Espera disciplinadamente a un competidor que está desorganizado. Espera con calma a un competidor que está desordenado. Así controlarás tus propias emociones.

VII-24

Espera a que venga a tu encuentro la competencia. Recoge la información crucial. Analízala a fondo. Así, tu grupo y tú estaréis preparados a fondo.

VII-25

No fuerces un enfrentamiento precipitado con un competidor bien preparado. No desafíes con prisas a un grupo bien dirigido. Espera a que cambie la situación.

VII-26

Gestiona de este modo un conflicto directo. No desafíes a los productos o a los negocios fuertes y fácilmente defendibles. No te retires a una posición débil.

VII-27

No persigas a un competidor cuando parezca que se aparta de un mercado o de un negocio fuerte. Puede ser una retirada falsa para hacer que te retires tú también.

VII-28

No ataques a las personas más capacitadas del competidor.

VII-29

No te apoderes de una ventaja aparente sin investigarla. Puede ser el cebo de una trampa que te ha tendido un competidor.

VII-30

Si tu competidor se está retirando de tu mercado, no lo persigas. Ya está derrotado.

VII-31

Cuando un competidor haya agotado sus recursos, déjale una salida. Déjale conservar los medios para ganarse la vida. No intentes destruirlo. La victoria puede resultar muy costosa.

VII-32

No es necesario presionar a un competidor que está desesperado. Su propia desesperación lo conducirá a la derrota.

VII-33

Esta es la esencia de la victoria en el ataque directo.

Las nueve posibilidades

Sun Tzu dijo:

Solo el general que es flexible y que sabe adaptar su estrategia a las circunstancias variables puede mandar a las tropas victoriosas. Por tanto, no dejes tropas de guarnición en las tierras abandonadas. Únete a tus aliados en los cruces de los caminos. No te quedes demasiado tiempo en un terreno insostenible. Traza planes alternativos en los terrenos rodeados. Combate si te atacan en los terrenos muertos. No supongas que el enemigo no ha de venir. Prepárate para su llegada. No supongas que el enemigo no ha de atacar. Confía, más bien, en una defensa fuerte.

VIII

La flexibilidad

VIII-1

Cuando un ejecutivo ha decidido entrar en la competencia para ganarse a un grupo de electores, debe seguir las reglas siguientes.

VIII-2

No te instales en una posición que esté aislada o alejada de los recursos.

VIII-3

No te instales en una posición que tenga muchos puntos flacos y que no se pueda defender.

VIII-4

Comunícate con tus aliados y organiza el apoyo mutuo.

VIII-5

Traza planes alternativos por si la competencia toma medidas rápidas para hostigar tu posición.

VIII-6

Si te presionan para que pases a la acción, estate dispuesto a retrasar el enfrentamiento hasta que estés preparado.

VIII-7

Al tomar decisiones estratégicas, hay algunos métodos que no se deben utilizar, hay algunas personas a las que no se debe atacar, hay algunos asuntos que no se deben discutir, y hay algunos mercados que no se deben disputar.

VIII-8

En plena competencia, hay veces que no se deben dar por recibidas las comunicaciones de miembros lejanos del personal.

VIII-9

Por tanto, solo el ejecutivo que es flexible y que es capaz de adaptar su estrategia a los cambios de las circunstancias puede gestionar de manera eficaz sus recursos entre la competencia.

VIII-10

El ejecutivo que no tiene la flexibilidad suficiente para adaptar su estrategia a los cambios de las circunstancias, aunque tenga un conocimiento amplio de las personas y de los métodos, no aplicará ventajosamente este conocimiento.

VIII-11

El ejecutivo que no tiene la flexibilidad suficiente para adaptar su estrategia a los cambios de las circunstancias, aunque sea capaz de reconocer las situaciones ventajosas, no designará a la persona adecuada para que haga las cosas adecuadas en el momento adecuado.

VIII-12

El ejecutivo prudente tiene en cuenta tanto las ganancias como las pérdidas en sus cálculos estratégicos.

VIII-13

Al tener en cuenta las ganancias, se puede confiar en que sus planes arrojarán los máximos beneficios; al tener en cuenta las pérdidas, puede prever los problemas y modificar sus planes para superarlas.

VIII-14

El ejecutivo prudente hace que la competencia sufra pérdidas para evitar que se mueva.

VIII-15

Mantiene ocupado a su competidor irritándolo con cuestiones menores. Le otorga beneficios superficiales para tenerlo ocupado y en movimiento.

VIII-16

Así pues, para ser eficaz en la competencia, no supongas que tu competidor no atacará; confía, más bien, en la preparación para asegurarte la victoria y en la defensa fuerte para derrotarlo.

VIII-17

Existen cinco defectos del carácter de los que podemos servirnos para derrotar a un ejecutivo en una competencia.

VIII-18

Si es temerario, podemos hacer que derroche sus recursos.

VIII-19

Si es demasiado cauto, podemos usurpar sus recursos.

VIII-20

Si tiene el genio vivo, podemos hacerlo obrar con precipitación.

法兵

Sun Tzu dijo:

Existen cinco defectos del carácter que son peligrosos para un general. Si es temerario, sus soldados pueden morir. Si es cobarde, su ejército puede ser capturado. Si tiene el genio vivo, reaccionará con rabia. Si es soberbio, se le puede engañar. Si tiene apego a sus hombres, dudará en un momento crítico. Estos cinco defectos son francamente desgraciados para el general, pero provocan grandes destrozos en la guerra. Estos cinco defectos llevan a los generales al fracaso y llevan a los ejércitos a la muerte. Tenlos muy en cuenta.

VIII-21

Si es soberbio, podemos engañarle por medio de la adulación.

VIII-22

Si se preocupa demasiado ser estimado por su gente, dudará a la hora de tomar una decisión desagradable para su gente en un momento crítico.

VIII-23

Estos cinco defectos limitan grandemente las posibilidades de éxito del ejecutivo. Provocan pérdidas terribles en las situaciones competitivas.

VIII-24

Estos cinco rasgos provocan el fracaso de los ejecutivos y la muerte de las empresas. Elimínalos en ti mismo.

Despliegue de tropas

Sun Tzu dijo:

Sigue las reglas siguientes. Atraviesa las montañas siguiendo los valles. Quédate en el terreno elevado, donde tengas una visión clara del territorio que te rodea. No ataques dando el frente a una subida. Cuando el enemigo atraviese agua, es ventajoso atacarlo cuando haya cruzado la mitad de sus tropas. Cuando atravieses una zona pantanosa, muévete con rapidez. No te acerques a los desfiladeros, a las hondonadas ni a las grietas rocosas, que constituyen trampas y encerronas naturales. Si las tropas del enemigo deben apoyarse en sus armas para tenerse en pie, es que tienen hambre. Si los aguadores del enemigo beben primero, toda la tropa enemiga tiene sed. Si las tropas del enemigo hacen *rui*do por la noche, el enemigo tiene miedo. Cuando los enemigos dan pienso de grano a sus caballos de guerra y matan a sus caballos de carga para comerlos, cuando los enemigos no cuelgan sus ollas ni regresan a sus refugios, están desesperados.

IX

Las maniobras

IX-1

Cuando haya llegado el momento del encuentro con la competencia, sigue las reglas siguientes. Rodea los obstáculos y las dificultades en lugar de atravesarlos. Reúne a tu alrededor a las personas más expertas, organízalas adecuadamente, dales una formación eficaz y equípalas bien.

IX-2

No abordes los problemas difíciles con recursos inadecuados.

IX-3

Si debes reorganizar tu grupo antes de un encuentro, hazlo rápidamente. Procura tener una organización estable. Cuando la competencia se esté reorganizando, no la desafíes cuando comience, porque volverá a adoptar su estructura anterior para enfrentarse contigo. Es más ventajoso esperar a que su reorganización esté a medias y esté en plena confusión.

IX-4

Si estás sumido en una competencia intensa, no instaures tú mismo el cambio a gran escala dentro de la organización. Cíñete a los métodos y a los procedimientos aceptables y fáciles de comprender. Conserva las pautas organizativas estables.

IX-5

Mantén simples y claras las cuestiones administrativas. No derroches el tiempo con papeleos innecesarios.

IX-6

Podrás gestionar la competencia con mayor eficacia cuando tus emociones, tu organización y tu electorado sean estables.

IX-7

Las situaciones competitivas diferentes pueden requerir tácticas diferentes para alcanzar el éxito. Pero mantén en la medida de lo posible la estabilidad en las situaciones de conflicto. Haz las cosas de la manera más sencilla y comprensible. Actúa a partir de posiciones que se puedan defender.

IX-8

A la mayoría de los grupos les gusta la estabilidad. Las personas trabajan mejor con los métodos, los procedimientos y los equipos que entienden. Se encuentran más cómodas si saben qué está pasando. No les agrada estar ignorantes. Las personas que se sienten cómodas y estables tienen emociones más sanas y las mentes más despiertas. Las emociones sanas y las mentes despiertas son necesarias para el éxito competitivo.

IX-9

Cuando te enfrentes a un desafío o a un obstáculo, concéntrate en los beneficios del éxito. Suscita la motivación por el entusiasmo.

IX-10

De este modo, tu ejemplo da fuerza a tu grupo.

IX-11

Cuando la situación contiene demasiados cambios o incertidumbres, estos afectarán a tu capacidad para competir. Si debes trabajar en una situación de cambio rápido o de alta incertidumbre, espera a que haya bajado la marea del cambio o de la incertidumbre. En todas las situaciones competitivas existen también peligros inherentes debidos a los supuestos o a las afirmaciones comunes de datos no documentados. Yo llamo a estas afirmaciones *(la sabiduría popular)*. Disputa la validez de la sabiduría popular.

IX-12

Evita la sabiduría popular. Si tu competidor basa sus movimientos en ella, impúlsalo cuanto puedas en la dirección que signe. La mayoría de las creencias de la sabiduría popular no son demostrables, de modo que el adversario que basa en ellas su defensa se debilita en gran medida.

IX-13

Cuando debas competir en un entorno que solo te permita comprender de manera incompleta los movimientos o las tácticas de la competencia, guárdate especialmente de las trampas o de las emboscadas. Desconfía de cualquier cosa que se salga de lo común.

IX-14

Si tu competidor está dispuesto a aceptar el desafío pero se mantiene en calma, es probable que se esté apoyando en alguna ventaja fundamental. Búscala. Si tu competidor no parece preparado para el conflicto, pero te desafía desde lejos, quiere que abandones tus posiciones defensivas y hacerte avanzar. Esto se debe a que ocupa una posición que le otorga una ventaja. Estúdiala a fondo.

IX-15

Si se produce una actividad inexplicada en el mercado o una agitación entre los miembros de tu electorado, es posible que tu competencia esté actuando oculta tras una cortina.

IX-16

Cuando tu competidor te tiende trampas y obstáculos ocultos, intenta confundirte. Si los electores que normalmente te apoyan, empiezan de pronto a distanciarse de ti, tu competidor se está preparando para lanzar un ataque repentino.

IX-17

Observa las señales del grupo de tu competidor. Si existe mucha actividad errática, es posible que se esté preparando para moverse rápidamente. Si la actividad es regular y organizada, está preparándose para moverse con cautela. Observa las pautas de actividad que indiquen dónde recoge la información.

IX-18

Si los mensajes de tu competidor parecen humildes, pero él parece confiado, se dispone a avanzar.

IX-19

Si los mensajes de tu competidor son evasivos pero tienen un tono agresivo, se dispone a retirarse.

IX-20

Si tu competidor te presenta una oferta generosa para que te la pienses, es posible que necesite tiempo para descansar.

IX-21

Si tu competidor desea emprender de pronto negociaciones para la paz sin motivo aparente, es que está tramando algo.

IX-22

Si tu competidor despliega sus recursos de un modo agresivo, significa que espera un enfrentamiento.

IX-23

Si tu competidor avanza parcialmente y se retira parcialmente después, intenta hacerte salir con engaños de tu posición defensiva.

IX-24

Si tu competidor debe recurrir a las artimañas o a los subterfugios para sostener su posición, es que padece alguna carencia.

IX-25

Si tu competidor ve una ventaja evidente pero no avanza, es que está cansado.

IX-26

Si tu competidor vaga sin rumbo entre discusiones, es que está inseguro.

IX-27

Si tu competidor habla fuerte, es que tiene miedo.

IX-28

Si en el grupo de tu competidor reina la agitación, su liderazgo no es eficaz.

IX-29

Si en los mensajes de tu competidor reina el desorden, sus ideas son caóticas.

IX-30

Si los representantes de tu competidor tienen el genio vivo, es que están sometidos a una tensión emocional.

IX-31

Cuando tu competidor recurre a sus últimos recursos disponibles para hacerte frente, es que está desesperado.

Sun Tzu dijo:

En la guerra no necesitamos disponer del ejército mayor para vencer. Lo importante es no avanzar imprudentemente. Cuando concentramos nuestras fuerzas para equipararlas a las del enemigo, venceremos si respetamos la fuerza del enemigo y si estudiamos cuidadosamente sus movimientos. Si menospreciamos al enemigo y no consideramos el significado de sus movimientos, perderemos.

IX-32

Cuando el personal de tu competidor murmura en grupos clandestinos, tu competidor está perdiendo su lealtad.

IX-33

Cuando tu competidor reparte demasiadas recompensas, es que ha perdido la capacidad de motivar a su grupo.

Cuando tu competidor impone demasiados castigos, es que ha perdido el control de su gente.

IX-34

Cuando tu competidor critica en público a su electorado, es que no es demasiado listo.

IX-35

Cuando un competidor te desafía como si estuviera dispuesto a mantener un enfrentamiento, pero no avanza ni retrocede, debes estudiar cuidadosamente la situación. Busca factores importantes que se te puedan haber pasado por alto.

IX-36

No es necesario que dispongamos de más recursos para vencer en los conflictos. Pero es importante que no desafiemos imprudentemente a los demás.

IX-37

Si concentras tus recursos, si respetas la fuerza del competidor y si estudias cuidadosamente sus movimientos, vencerás. Si menosprecias la fuerza de un competidor y no tienes en cuenta el significado de sus movimientos, perderás.

IX-38

Cuando dirijas a personas, si criticas a alguien antes de que sienta lealtad hacia ti, no obedecerá tus órdenes en el futuro. Por otra parte, cuando una persona siente lealtad, tampoco obedecerá las órdenes si no se procura mantener la disciplina. Si falta la obediencia, es difícil sacar partido de las personas de manera eficaz.

IX-39

Por tanto, si diriges a tus empleados por medio de una estructura organizativa adecuada y mantienes el control por medio de una disciplina apropiada, tu gente será competente.

IX-40

Si formas y organizas a tus empleados presentándoles expectativas claras, podrás confiar en ellos en una situación competitiva. Si formas y organizas a tu grupo con expectativas difusas, no serán fiables.

IX-41

Cuando las expectativas son claras y la estructura organizativa es adecuada para la tarea, la gente confiará en sus lideres.

El terreno

Sun Tzu dijo:

El terreno puede ser accesible, traicionero, inmovilizador, estrecho, montañoso o remoto. Si las fuerzas de ambos bandos pueden entrar y salir del campo de batalla sin dificultad, entonces el campo de batalla es traicionero. Si a nuestras fuerzas les resulta fácil entrar en el campo de batalla, pero les resulta difícil retirarse, entonces el campo de batalla es un cepo. Si a las fuerzas de ambos bandos les resulta difícil entrar y salir del campo de batalla, entonces el campo de batalla es inmovilizador. Los campos de batalla estrechos son los que tienen rutas de acceso restringidas, tales como desfiladeros estrechos o valles profundos. En los campos de batalla montañosos, si tus fuerzas llegan antes, ocupa el terreno alto. Los campos de batalla remotos son arriesgados por igual para ambos bandos.

Los tipos de situaciones competitivas y las causas de los fracasos

X-1

Las seis situaciones competitivas pueden ser accesibles, traicioneras, indecisas, restringidas, difíciles y especulativas.

X-2

Si todos los competidores pueden acceder fácilmente a un electorado dado, la situación es accesible. Cuando la situación es accesible, procura establecer en primer lugar una posición fuerte. Esto te otorga una ubicación ventajosa.

X-3

Si a cada uno de los bandos le resulta fácil entrar en una situación competitiva, pero cuando ya han entrado les resulta difícil retirarse, entonces la situación es traicionera. Cuando tu competidor no está preparado, puedes desafiarlo. Pero recuerda que cuando estás en apuros, si tu inversión en dinero o en recursos humanos es elevada, quizá no seas capaz de retirarte. Por tanto, es inconveniente desafiar a tu competidor si está preparado.

Sun Tzu dijo:

En una campaña, el desastre puede surgir como consecuencia de seis errores diferentes del general en jefe. Los errores son la deserción, la insubordinación, la ineficacia, la precipitación, el desorden y la incompetencia. Los que tienen experiencia de la guerra solo avanzan cuando tienen conocimientos; en consecuencia, no tienen necesidad de retirarse. Por eso se dice: conoce al enemigo y conócete a ti mismo, y no serás derrotado; conoce los tiempos y conoce también el campo de batalla, y entonces tu victoria será completa.

X-4

Si a ambos bandos les resulta difícil entrar y salir de una situación competitiva, entonces es posible que ninguno de los dos bandos sea capaz de vencer. No desafíes a un competidor cuando no tengas confianza en la victoria, aunque él esté débil. Es un derroche de recursos. Por el contrario, si te es posible, haz que tu competidor derroche sus recursos. Espera un momento mejor para un enfrentamiento.

X-5

Los mercados restringidos tienen un acceso difícil. Los requisitos tecnológicos, los conocimientos profesionales o las exigencias financieras rigurosas pueden plantear desafíos significativos. Si eres capaz de acceder *en primer lugar* al electorado, levanta barreras todavía más infranqueables. En esta posición tienes la ventaja y puedes permitirte esperar el avance de tu competidor. Si tu competidor ya se ha establecido poderosamente en este mercado, es él quien tiene la ventaja. No ataques si no te ha dejado una vía de entrada.

X-6

Cuando ambos bandos tienen dificultades para llegar a un electorado, si eres tú quien llega antes, establece posiciones defensivas fuertes y espera a que avance tu competidor. Si tu competidor ocupa ya una posición defensiva fuerte, oblígalo a derrochar tiempo y dinero defendiendo su territorio. Pero no avances con demasiada precipitación cuando él empiece a retirarse. Puede ser una trampa.

X-7

Las situaciones competitivas especulativas son aquellas en las que existen electores desconocidos o remotos que pueden arrojar grandes beneficios. Estas situaciones son igualmente arriesgadas para ambas partes, porque pueden obligar a realizar actos cuyos costes y consecuencias están mal definidos. En una situación especulativa suele ser difícil producir unas circunstancias en las que podamos vencer. Por tanto, en general no es ventajoso avanzar.

X-8

Estos son los principios para seis tipos diferentes de situaciones competitivas. Cuando un ejecutivo empieza a movilizar recursos para aproximarse a un objetivo, debe examinar cuidadosamente sus planes de campaña a la luz de estos principios.

X-9

Cuando están en marcha las operaciones competitivas, el fracaso puede surgir de seis situaciones diferentes. Estas situaciones no son fruto del azar, sino que son consecuencia de errores de los ejecutivos. Estas situaciones son la falta de recursos, la falta de dirección, la falta de rendimiento, la falta de disciplina, la falta de orden y la falta de competencia.

X-10

Si, a igualdad de todos los demás factores, un ejecutivo ordena a un grupo mal equipado, mal servido por los proveedores, mal organizado o mal financiado que desafíe a otro grupo que está en buena situación en estos aspectos, la causa del fracaso subsiguiente es la falta de recursos.

X-11

Si el personal de un grupo tiene fuerza de voluntad, pero sus directores son débiles, la causa del fracaso es la falta de dirección.

X-12

Si los directores de un grupo tienen fuerza de voluntad pero el personal está mal formado o está desmotivado, la causa del fracaso es la falta de rendimiento.

X-13

Si los ejecutivos de operaciones son iracundos o provocadores, o cuando se vuelven emotivos y desafían a la competencia sin haber recibido órdenes en ese sentido, la causa del fracaso es la falta de disciplina.

X-14

Si el director ejecutivo es débil y le falta autoridad personal, si no es capaz de motivar a su gente y la formación es mala, o si las tareas de cada persona están mal definidas y la estructura organizativa es difusa, la causa del fracaso es la falta de orden.

X-15

Si el director ejecutivo no es capaz de desarrollar planes eficaces, si entiende malos actos de los competidores, o si infravalora los recursos necesarios para llevar a cabo las tareas, la causa del fracaso es la falta de competencia.

X-16

Estas seis situaciones conducen al fracaso. Todo ejecutivo debe estudiarlas a fondo y eliminarlas.

X-17

La situación competitiva puede ser una gran aliada para un ejecutivo. El ejecutivo eficaz comprende a sus electores y a su rival, se comprende a sí mismo y comprende las realidades con que se enfrentan todas las partes, y controla así la victoria; estima correctamente la dificultad de las estrategias alternativas y calcula los recursos necesarios. Distingue con acierto cuáles son los factores que requieren inmediatamente de su atención y cuáles puede estudiar más adelante. Conoce los puntos fuertes, los puntos flacos y la capacidad de las personas que participan en la situación, tanto de las suyas como de las que son leales a su rival. El ejecutivo eficaz vence porque dedica el tiempo necesario a conocer todas estas cosas y aplica sus conocimientos para aprovechar las oportunidades que desvela.

X-18

Por tanto, si el director ejecutivo calcula que el éxito es probable, debe seguir adelante, aunque sus asesores piensen de otro modo. Si calcula que se fracasará, debe detenerse, aunque sus asesores quieran seguir adelante.

X-19

Un ejecutivo que compite pero que no busca su gloria personal; que actúa, pero que no pretende rehuir las responsabilidades; cuya única meta es beneficiar a sus electores y a su organización, es el activo más precioso de la empresa.

X-20

Trata a tus subordinados como a tu propia familia y trabajarán para ti. Trátalos como a tus amigos queridos y te lo pagarán con su lealtad.

X-21

Pero si eres tan generoso con tus subordinados y con tus empleados que no eres capaz de dirigirlos, si eres tan amable con ellos que no puedes mantener el orden ni dirigirlos cuando están desorientados, es como si hubieras mimado a tus hijos. Cuando están mimados, ya no son eficaces.

X-22

Al elegir el momento de mis actos, si sé que mi grupo tiene recursos necesarios para alcanzar el éxito, pero no sé si mi competidor es vulnerable, mis probabilidades de alcanzar la victoria son del cincuenta por ciento.

X-23

Si sé que mi competidor es vulnerable, pero no sé si mi grupo tiene los recursos necesarios para alcanzar el éxito, mis probabilidades de alcanzar la victoria también son del cincuenta por ciento.

X-24

Si sé que mi competidor es vulnerable, y sé también que mi grupo tiene los recursos necesarios para alcanzar el éxito, pero no sé si la situación competitiva me permite vencer, mis probabilidades de alcanzar la victoria son también del cincuenta por ciento.

X-25

Por tanto, los ejecutivos que conocen el éxito solo avanzan cuando tienen conocimientos; en consecuencia, no tienen necesidad de retirarse.

X-26

Conoce a tu rival y conócete a ti mismo: no perderás. Conoce también la situación competitiva y a los electores que intervienen; entonces, tu éxito será completo.

La tierra y sus nueve aspectos

Sun Tzu dijo:

La situación en el campo de batalla determina si es más ventajoso avanzar o retirarse. En una situación dispersa, evita el combate. En una situación no comprometida, mantén a los elementos del ejército en contacto estrecho entre sí. En una situación competitiva, no ataques. En una situación accesible, no dejes de ser diligente. En una situación de intersección, consolida tus alianzas. En una situación crítica, captura posiciones importantes. En una situación rodeada, bloquea los caminos de acceso. En una situación mortal, di al ejército que quizá no sobreviva.

XI 兵

Las condiciones competitivas y la estrategia ofensiva

XI-I

La aplicación adecuada de los principios de la estrategia ofensiva requiere el análisis de la situación competitiva. La situación competitiva determina si es más ventajoso avanzar o retirarse. La situación competitiva determina el modo en que podemos emplear de manera eficaz nuestros recursos. Debemos examinar cuidadosamente los diversos tipos de situaciones.

XI-2

Cuando un competidor intenta desafiarnos antes de que nosotros podamos concentrar nuestros recursos, nos encontramos *en una situación dispersa.*

XI-3

Cuando nos adentramos en el territorio de nuestro competidor pero solo hemos gastado una parte pequeña de nuestros recursos, estamos en una *situación no comprometida.*

XI-4

Si intentamos ocupar una posición beneficiosa que también sería beneficiosa para nuestro competidor si la ocupase, estamos en una *situación de conflicto*.

XI-5

Si podemos avanzar y retirarnos fácilmente, pero a la competencia también le resulta fácil avanzar y retirarse, estamos en una *situación accesible*.

XI-6

Si la posición que deseamos ocupar abarca varios electorados, y nos permite acceder a los recursos de los electorados que abarca, nos encontramos en una *situación de intersección*.

XI-7

Cuando hemos penetrado profundamente en el territorio de otro y hemos gastado grandes cantidades de recursos, estamos en una *situación crítica*.

XI-8

Cuando hemos de superar desafíos técnicos, financieros u organizativos, o existen barreras importantes que nos impiden llegar hasta los electores que deseamos, estamos en una *situación bloqueada*.

XI-9

Cuando hemos gastado recursos para obtener electores y es difícil que recuperemos nuestra inversión, pero a los competidores les resulta fácil atacar nuestra posición, estamos en una *situación rodeada.*

XI-10

Cuando solo podemos sobrevivir si atacamos y vencemos rápidamente, pero pereceremos si nos demoramos, estamos en una *situación mortal.*

XI-11

En una *situación dispersa,* evita el combate. Concentra tus recursos para multiplicar su efecto. En una *situación no comprometida,* mantén centrados los recursos en su meta.

XI-12

En una *situación de conflicto,* no avances. Acércate al competidor por el lado en que no puede verte; adquiere algún tipo de ventaja antes de gastar recursos. En una *situación accesible,* mantente en guardia. Planifica cuidadosamente tus defensas.

XI-13

En una *situación de intersección,* consolida tus alianzas. En una *situación crítica,* sé el primero en ocupar las posiciones importantes. Asegúrate de que tus recursos técnicos, financieros y organizativos sean los adecuados.

XI-14

En una *situación bloqueada,* supera rápidamente los desafíos y las barreras. En una *situación rodeada,* obstaculiza la capacidad de ataque de tu competidor bloqueando su acceso a tus electores. Diseña y aplica una estrategia para salir de la trampa. En una *situación mortal,* enfréntate al hecho de que quizá no sobrevivas. Avanza rápidamente; gasta tus recursos en el intento de vencer. No aceptes una muerte lenta.

XI-15

Al gestionar los actos competitivos, los ejecutivos eficaces hacen difícil a sus competidores defender todos los aspectos de sus posiciones. Hacen difícil a sus competidores el uso coordinado de los recursos. Hacen difícil a sus competidores mantener los elementos más débiles de su organización. Hacen difícil a sus competidores comunicarse con sus electores.

XI-16

Cuando los recursos de un competidor están dispersos, los ejecutivos eficaces impiden que se concentren. Cuando sus recursos están concentrados, los ejecutivos eficaces impiden que se coordinen.

XI-17

Los ejecutivos eficaces adelantan sus posiciones cuando es ventajoso y se detienen cuando no lo es.

XI-18

Quizá te preguntes ahora: «¿Cómo puedo derrotar a un competidor bien preparado, bien dirigido, que está a punto de enfrentarse conmigo?» He aquí la respuesta. «Apodérate de algo que desee el competidor. Entonces se someterá a tus deseos.»

XI-19

El factor principal del éxito en los actos competitivos es la rapidez. Debes aprovechar la situación antes de que llegue tu competidor. Explota su falta de preparación. Ataca su punto más débil.

兵法

Sun Tzu dijo:

La tarea del comandante en jefe es reunir a todas las fuerzas y llevarlas a una situación peligrosa. Dirige a las tropas por los actos, no por las palabras. Las tropas de los que saben mandar son como la «serpiente de respuesta simultánea». La «serpiente de respuesta simultánea» vive en las montañas de Chango. Si se le amenaza la cabeza, ataca rápidamente con la cola. Si se le amenaza la cola, ataca con la cabeza. Si se le amenaza el cuerpo, ataca con la cabeza y con la cola a la vez. Del mismo modo, el objetivo de los que mandan es conseguir que los soldados piensen y luchen como un solo equipo.

XI-20

En general, los actos competitivos solo tendrán éxito si las personas están plenamente comprometidas con ellos. Cuando las personas están comprometidas, tienen un propósito unido. Cuando están unidas, ningún defensor puede resistirlas. La naturaleza de las personas es aspirar ardientemente a alcanzar una meta cuando están comprometidas. Lleva tu organización a una situación tal que *sus* miembros no tengan más opción que comprometerse con tus objetivos, y tendrán éxito mas allá de sus límites.

XI-21

Cuando entres en un mercado, estudia los métodos de tu competidor. Haz uso de su experiencia para evitar los errores.

XI-22

Mantén sana a tu gente. Ahorra su energía. Alimenta su estado de ánimo. No lo sobrecargues sin necesidad. Planifica cuidadosamente el modo de hacer uso de tu personal. De este modo estarás preparado para aprovechar las oportunidades inesperadas.

XI-23

Conduce tu organización allí donde tú quieras ir. No dejes a tu gente otra alternativa: o alcanzan las metas que les has marcado, o fracasan por completo. Pues si la única alternativa es el fracaso, ¿qué persona digna no dará lo mejor de sí misma por evitarlo? Cuando las personas dignas están comprometidas, no temen el fracaso. Cuando se centran en una meta común, están tranquilas. Cuando se dedican profundamente a su trabajo, no pueden menos de triunfar.

XI-24

En tales circunstancias las personas dignas se mantienen alerta. Se ciñen a los procedimientos marcados sin que las supervisen. Trabajan duro sin recibir promesas ni garantías innecesarias.

XI-25

El día que se pone en marcha un proyecto importante, hasta las personas dignas pueden quejarse, porque saben cuánto trabajo será necesario.

XI-26

Pero cuando se encuentran entre la espada y la pared, darán de sí mismas más de lo esperado, porque están comprometidas.

XI-27

Quizá te preguntes: «¿Pueden volverse comprometidas y cooperativas las personas de mi organización?» La respuesta es: Desde luego. Es normal que las personas de una misma organización estén en desacuerdo. Pero si tuvieran que compartir una lancha salvavidas en una tormenta, se ayudarían mutuamente a sobrevivir del mismo modo que la mano derecha ayuda a la izquierda.

XI-28

Cuando estés al mando de los actos competitivos, no puedes contar con una organización grande ni con recursos abundantes para tu éxito.

XI-29

La meta del liderazgo es hacer que las personas trabajen juntas para alcanzar metas deseables. Una comprensión a fondo de la situación competitiva pondrá de manifiesto el modo de dirigir tanto las partes más débiles de tu organización como las más fuertes, para que todas puedan cooperar entre sí para alcanzar la meta.

XI-30

Pero la cooperación entre los miembros de la organización es esencial para el éxito. El ejecutivo eficaz produce una situación de cohesión por el compromiso, gracias a la cual puede mandar a toda la organización como si mandase a una sola persona. Lo consigue planificando su estrategia en secreto y dirigiendo su ejecución con órdenes claras y directas.

XI-31

No permite que todos los miembros de la organización conozcan los detalles de sus planes. Así, su competidor no se pone sobre aviso.

XI-32

Aplasta las especulaciones y acalla los rumores entre sus electores. De esta forma, mantiene a su gente centrada y con el ánimo elevado.

XI-33

Cambia de dirección y modifica sus métodos. Así, nadie puede adivinar su dirección ni su destino.

XI-34

Modifica sus posiciones y recurre a aproximaciones indirectas. De este modo su competidor no comprende la naturaleza de su desafío hasta que es demasiado tarde.

XI-35

La tarea del ejecutivo jefe es reunir sus recursos y a su gente y situarlos en una posición en la que deben comprometerse con el éxito de sus metas.

XI-36

Debe situar a su organización en una posición tal que sea necesario el nivel más elevado de rendimiento para triunfar. Produce una situación en la que las únicas posibilidades son el éxito total o el fracaso total. Hace avanzar a su organización y quema las naves. No hay manera de eludir el compromiso.

XI-37

Hace subir a su organización por la escalera de las altas expectativas y, cuando decide que ha llegado el momento oportuno, retira la escalera.

XI-38

De este modo, aunque los miembros de su organización no conocen los detalles de sus planes, cuando el ejecutivo les pide que actúen, lo obedecen como obedecen las ovejas al pastor.

XI-39

No establezcas alianzas con los que no estén dispuestos a asumir el desafío de los actos competitivos. Los que no son conscientes de las oportunidades ni de los obstáculos no son competentes para dirigir una organización. Los que no recurren a especialistas ni a consultores no pueden aprovecharse de las debilidades de sus competidores ni reaccionar ante las circunstancias inesperadas. Los que ignoran el arte de maniobrar en diferentes situaciones competitivas no pueden tener éxito.

XI-40

Cuando un ejecutivo eficaz entra en el territorio de un competidor, no permite que su competidor sume sus fuerzas a las de sus aliados. Impone su voluntad a su competidor. No permite que su competidor se apoye en otros para ser más fuerte.

XI-41

Tampoco se preocupa por ceñirse a la sabiduría popular. Su deseo de victoria es tan fuerte que solo se preocupa de servirse de los hechos para producir resultados eficaces.

XI-42

Cuando seas jefe, otorga recompensas que no pueda otorgar nadie más. Haz planes que no tengan precedentes. De este modo tu gente seguirá tu visión. Mandarás a toda la organización como si mandases a una sola persona.

XI-43

Dirige por el ejemplo, no por las palabras. Motiva a la gente con las expectativas de beneficios. No les hables de los riesgos. Condúcelas a situaciones en las que solo puedan elegir entre el compromiso y el fracaso, sin ninguna otra opción. Cuando las personas dignas se enfrentan a esta disyuntiva, encontrarán las fuerzas para alcanzar la victoria.

XI-44

Para producir circunstancias que te sean favorables, empieza por fingir que sigues el programa de tu competidor.

XI-45

Haz creer a tu competidor que sigues la dirección que él te ha marcado. Hazlo dormir. De este modo, cuando ejecutes tus planes cuidadosamente desarrollados, podrás superar a tu competencia.

XI-46

Desde el momento en que se ponen en marcha las operaciones competitivas, mantén un secreto estricto. Procura que se tomen decisiones rápidas de alto nivel para que tú puedas actuar.

XI-47

Cuando tu competidor manifieste su debilidad, actúa rápidamente para aprovecharte de ella. Apodérate de lo que más valore la competencia. Haz que tu competidor reaccione de acuerdo con tu calendario.

XI-48

Adapta tu estrategia a los movimientos de la competencia. Sitúate en una posición que te permita alcanzar cuotas de mercado decisivas.

XI-49

Emprende tus actos con rapidez y en secreto. Cuando tu competidor ponga de manifiesto su debilidad, actúa rápidamente. Así, tu competidor no será capaz de reaccionar a tiempo.

Los ataques incendiarios

Sun Tzu dijo:

Los ataques con el fuego tienen cinco objetivos: el primero, quemar al personal; el segundo, quemar las existencias; el tercero, quemar equipos; el cuarto, quemar depósitos de armas; el quinto, quemar medios de transporte. Debe tenerse a mano lo necesario para hacer una hoguera. Los fuegos arden mejor con el tiempo seco y cuando ascienden las constelaciones del Cedazo, el Muro, las Alas y el Carro. El empleo del fuego para atacar es astuto. El empleo del agua para atacar también te da más fuerza. Pero el agua solo puede dividir o aislar al enemigo; el fuego, por su parte, puede destruirlo.

XII

Destruir la reputación

XII-I

Destruir la reputación de un competidor es la menos deseable y la más peligrosa de las operaciones competitivas. Los ataques a la reputación pueden dirigirse sobre cinco áreas: el personal o las relaciones personales; los productos de la organización o las actuaciones individuales; los clientes o los empleados; los proveedores o los partidarios, y los recursos de capital o el respaldo financiero.

XII-2

Para que puedas destruir la reputación de tu competidor, este debe tener una debilidad creíble que se pueda magnificar o poner al descubierto.

XII-3

Además, debes tener a tu disposición los datos y los recursos necesarios para llevar a cabo la tarea.

XII-4

La destrucción de la reputación depende del entorno político y económico del momento. Para que el daño se extienda, las corrientes económicas y políticas deben hacer circular de manera efectiva las malas noticias.

XII-5

El momento adecuado para emprender una campaña de destrucción de la reputación de un competidor es cuando este se encuentra con otras dificultades en la escena política o económica. Esto es así sobre todo cuando dentro de su electorado hay problemas para los que no se ha encontrado todavía un chivo expiatorio cómodo.

XII-6

Para destruir de manera eficaz la reputación de un competidor, debes centrar tu atención sobre uno de estos cinco objetivos y adaptar tu ataque para cubrir los requisitos de dicho objetivo.

XII-7

En primer lugar, intenta provocar una crisis de credibilidad entre los electores más leales de tu competidor, pues este es el método más eficaz. Si la crisis se inicia inmediatamente, foméntala enseguida haciendo presión desde el exterior. Pero si no eres capaz de provocar una crisis de inmediato y tu competidor conserva la calma, no lances un fuerte ataque desde el exterior.

XII-8

Por el contrario, deja que la campaña haga tanto daño como sea posible. En cuanto aparezca una debilidad o una oportunidad, ataca; de lo contrario, espera.

XII-9

Si llegas a la conclusión de que debes destruir la reputación de un competidor y el momento es el adecuado, pon en marcha la campaña, aunque debas empezar desde fuera de su electorado. No siempre es posible acercarte lo suficiente a tu competidor, sobre todo si este es astuto.

XII-10

Intentar destruir la reputación de un competidor es una tarea peligrosa. Cuando hayas puesto en marcha una campaña destructiva, procura que no te salpique a ti también.

XII-11

Por otra parte, cuando las corrientes políticas y económicas lleven cierto tiempo fluyendo en una dirección determinada, es muy probable que cambien de dirección. Estáte preparado para modificar tu táctica, o para abandonar la campaña si el tiempo y la corriente se vuelven contra ti.

XII-12

Todos los ejecutivos deben estar familiarizados con los cinco objetivos de una campaña contra la reputación. Los ejecutivos deben ser capaces de defenderse o de atacar a los demás, en función de la situación estratégica.

XII-13

La destrucción de la reputación es un método que permite derrotar a tu competidor para siempre. Otros métodos competitivos exigen grandes gastos de recursos, e incluso cuando tienen éxito, sus resultados pueden no ser permanentes.

XII-14

La destrucción de la reputación, por su parte, puede no costarte más que algunas palabras bien dichas. Lo que es más importante todavía es que una reputación destruida es difícil de recuperar.

XII-15

Derrotar a un competidor y asumir el control de la situación sin ser capaces de beneficiarse de la victoria es una desgracia. Competir por competir es un derroche de tiempo y de recursos, además de ser un riesgo innecesario.

XII-16

Por tanto, el ejecutivo prudente empieza por sopesar los beneficios que puede recoger por presentar un desafío determinado. Cuando llega a la conclusión de que son adecuados, lucha para vencer.

XII-17

No ataques la reputación de tu competidor, si no puedes beneficiarte de ello. No consumas recursos, si no obtienes una ganancia a cambio. No obres con agresividad a no ser que estés en peligro.

XII-18

El ejecutivo no debe competir movido por la emoción. No debe atacar movido por la ira. Avanza cuando sea provechoso; deténte cuando no lo sea. Si bien es cierto que la emoción puede volver a la razón y que la ira puede volver a la calma, la reputación destruida no se puede recuperar, y una organización muerta no puede volver a la vida.

法兵

Sun Tzu dijo:

No ataques a tu enemigo, si el ataque no te puede resultar beneficioso. No consumas recursos, si no obtienes una ganancia a cambio. No hagas la guerra a no ser que estés en peligro. Un monarca no debe movilizar un ejército por rabia. Un comandante en jefe no debe atacar al enemigo por ira o por emotividad. Avanza cuando sea ventajoso; deténte cuando no lo sea. Por tanto, el monarca ilustrado es muy prudente y el gran comandante en jefe es muy cauto. Obrando así, se puede conservar el Estado y mantener sus defensas.

XII-19

Por tanto, el ejecutivo prudente obra con sabiduría y con cautela. Al hacerlo, se reducen al mínimo sus propias debilidades, se conserva su reputación y se mantiene intacta su propia organización.

El empleo de espías

Sun Tzu dijo:

El comandante en jefe que aprovecha la guerra para ganar fama personal y riqueza, pero que no se gasta dinero en informarse acerca del enemigo, es inhumano. La causa por la que los monarcas ilustrados y los comandantes en jefe competentes ganan victorias, alcanzan éxitos destacados y sobrepasan a la gente corriente es que conocen por adelantado información esencial. La información solo procede de personas que conocen al enemigo por el trato personal. Existen cinco tipos de actividades de información: la información local, la información interna, la desinformación, la información engañosa y la información continuada.

XIII
La recogida de información

XIII-I

La inversión de recursos para su empleo en una situación competitiva determinada impide aplicar estos recursos a usos alternativos. El dinero y los recursos humanos que ya están comprometidos en un conflicto no se pueden utilizar en otro.

XIII-2

Los actos competitivos pueden durar muchos años mientras los competidores intentan tomar posiciones para el enfrentamiento decisivo. El motivo por el que los ejecutivos prudentes alcanzan victorias, logran éxitos destacados y sobrepasan a los demás es que conocen por adelantado la información esencial; es decir, conocen los objetivos, los recursos y las actividades de su competidor. Conocen las opiniones de los electorados que son el objetivo. Vencen, además, porque dan a la competencia una idea equivocada de sus propias intenciones y circunstancias.

XIII-3

Este tipo de información esencial por adelantado no se consigue con solo desearla ni por medio de especulaciones. No se consigue estudiando los hechos ni las actividades del pasado. No se consigue recogiendo, midiendo ni analizando los datos del mercado ni los datos demográficos. La información verdaderamente útil procede de personas que conocen de primera mano y que han tratado personalmente a la competencia y a los electores.

XIII-4

Las actividades de información tienen dos objetivos. El primero es obtener información precisa y reciente sobre los objetivos, los recursos y las actividades de la competencia y de los electores. El segundo es proporcionar a la competencia información engañosa sobre tus propios objetivos, recursos y actividades. Se pueden usar cuatro fuentes para recibir y para transmitir la información: las fuentes locales, la información interna, la contrainformación y los topos.

XIII-5

Combinando estas cuatro fuentes de información, nadie sabrá cómo obtienes ni cómo recoges tu información. Se crea una red poderosa pero misteriosa. Esta red es el activo más precioso del director ejecutivo.

XIII-6

Las fuentes locales de información son aquellas a las que se accede fácilmente en la mayoría de los sectores. Entre las fuentes locales de información se cuentan, por ejemplo, las personas que acuden a los congresos del sector, los empleados de bajo nivel de la competencia, las publicaciones del sector, las publicaciones y los periódicos nacionales, los representantes de los fabricantes y la publicidad. Las fuentes locales son unos buenos canales para diseminar informaciones engañosas para confundir a la competencia. Pero desconfía tú también de los rumores y de la sabiduría popular.

XIII-7

Las fuentes internas de información son las personas que trabajan para o en la competencia o los electores importantes que tienen acceso a datos importantes. Estas fuentes son principalmente personal ejecutivo y técnico, pero también tiene importancia el personal administrativo que tiene acceso a informaciones esenciales, sobre todo en las empresas en las que el flujo de información no está restringido.

XIII-8

Los agentes de desinformación son agentes de la competencia o topos introducidos en nuestra propia empresa que han sido convertidos a nuestro servicio. Son los agentes más valiosos.

XIII-9

Recuerda que también la competencia puede servirse de la desinformación. Algunos de tus informadores son, sin lugar a duda, desinformadores. Cuando descubras a un desinformador, aprovéchate de él. Proporciona a la competencia información engañosa. El desinformador será creído con toda seguridad durante algún tiempo.

XIII-10

Los topos son agentes a sueldo nuestro que desempeñan trabajos fijos con los electores o en la competencia.

XIII-11

Ninguna actividad está vinculada más estrechamente a nuestro éxito que la recogida y la siembra eficaces de información. Ninguna recompensa debe ser mayor que la que se concede a los que proporcionan información esencial. Ninguna operación debe ser más secreta que las relacionadas con la información.

XIII-12

Pero solo un ejecutivo de gran sabiduría y de enorme sutileza puede hacer un uso eficaz de la información.

XIII-13

El impacto de la información es tan general, tan amplio y tan universal que no hay ninguna actividad donde no se pueda aplicar.

XIII-14

Pero debe ser en secreto. Si se conocen los planes para la recogida y para la siembra de información, todos los que participan en ellos estarán condenados al fracaso.

XIII-15

No importa qué tipo de actos competitivos se planifiquen o qué reputación se desea atacar: es necesario conocer el nombre del ejecutivo afectado, los nombres de sus ayudantes, de sus asesores y hasta el de su chófer. Los informantes y los agentes deben proporcionar este tipo de informaciones.

XIII-16

La conversión de los agentes de la propia competencia nos otorga una ventaja crítica. Por tanto, debemos atraérnoslos con promesas de beneficios, dirigirlos y protegerlos. De este modo pasan a formar parte de nuestra red de desinformación.

XIII-17

Una red de desinformación eficaz nos permite juzgar el valor de la información que nos proporcionan las fuentes locales y los agentes internos.

XIII-18

Gracias a la red de desinformación, podemos determinar si la información engañosa se ha transmitido, en efecto, a la competencia.

XIII-19

Gracias a la red de desinformación, podemos trazar estrategias adecuadas para reclutar a topos y para protegerlos para que no sean descubiertos. Podemos descubrir si nuestra red de inteligencia corre peligro.

XIII-20

El director ejecutivo debe ser consciente de todos los aspectos relacionados con las actividades de información. Debe comprender que la desinformación es el elemento más esencial para la victoria en las operaciones competitivas. Debe comprender que el trabajo de desinformación debe remunerarse con gran generosidad.

XIII-21

Al fin y al cabo, la ascensión y la caída de muchos ejecutivos y de muchas organizaciones es resultado directo del empleo eficaz de la información. No podemos pasar por alto su importancia.

XIII-22

Los ejecutivos prudentes no emplean en sus redes de información más que a las personas más capacitadas. Alcanzan el éxito por medio de estas personas. La información es la esencia y la base de todos los actos competitivos.

Apéndice

Sumario de los principios de Sun Tzu

1. Aprende a combatir.
2. Muestra el camino.
3. Hazlo bien.
4. Conoce los hechos.
5. Espera lo peor.
6. Aprovecha el momento.
7. Quema las naves.
8. Hazlo mejor.
9. Empujad todos juntos.
10. Que no adivinen tus intenciones.

1. **Aprende a combatir.** La competencia es inevitable en la vida. Además, la competencia se produce en todos los aspectos de la vida. Sun Tzu nos advierte que todo lo que aprendamos sobre el arte de competir será poco. Por otra parte, no obstante, Sun Tzu nos previene de la competencia por la competencia.

Advierte que competir simplemente para enriquecerse o vencer sin ser capaces de aprovecharse de la victoria es arriesgado y costoso.

La competencia debe producirse cuando podemos ganar algo importante o cuando estamos en peligro. Por otra parte, en las situaciones competitivas no debemos permitir que nuestras emociones rijan nuestros actos. Las emociones nublan la razón y destruyen la objetividad, y ambas cosas son necesarias para el éxito competitivo continuado. La pérdida del control emocional es un obstáculo de primer orden, así como un arma peligrosa en manos de la competencia.

2. **Muestra el camino.** Sun Tzu nos dice que el liderazgo determina por sí solo el éxito. El liderazgo es un tema candente en el mundo moderno de los negocios. Y, naturalmente, era igual de importante en la antigua China. ¿Cómo definiría Sun Tzu el liderazgo? Confucio, que fue contemporáneo de Sun Tzu, enseñó muchas cosas acerca del liderazgo en sus *Analectas*. Un análisis de las enseñanzas confucianas pone de manifiesto que Confucio creía que el liderazgo eficaz proviene de siete características: la autodisciplina, la decisión, el logro, la responsabilidad, el conocimiento, la cooperación con los subordinados y el ejemplo. (Muchos líderes importantes de la historia antigua

y moderna —Alejandro Magno, Julio César, Jesu-
cristo, Lincoln, Grant, Lee, Lawrence, Roosevelt,
Patton, Marshall y otros— dan muestras de poseer
estas características).

- *La autodisciplina* significa que el líder tiende a
ajustar su vida a una serie de reglas que considera
adecuadas para él y aceptables para sus electores.
No necesita motivaciones exteriores para rendir.
- *La decisión* significa que el líder trabaja para alcanzar objetivos que son importantes para sus electores y que no limita sus metas al marco estrecho de
su propio interés.
- *El logro* significa que el líder define los resultados
por la satisfacción de las necesidades de sus electores.
- *La responsabilidad* significa que el líder responde
de los resultados de sus decisiones y de sus actos.
- *El conocimiento* significa que el líder aspira constantemente a mejorar su comprensión y su capacidad.
- *La cooperación* con los subordinados significa que
el líder trabaja en colaboración con sus electores
para alcanzar objetivos previamente acordados.
- *El ejemplo* significa que el líder muestra el camino
por sus propios actos.

Sun Tzu habla también de cinco defectos del carácter que pueden conducir al fracaso. Son la temeridad, la timidez, la emocionalidad, el egoísmo y la preocupación excesiva por la popularidad.

3. **Hazlo bien.** Toda ventaja competitiva se basa en la ejecución eficaz. La planificación es importante, pero los actos son la fuente del éxito. Sin actos eficaces, la planificación es un ejercicio estéril. Los teóricos modernos de la gestión creen que la tendencia a actuar más que a planificar mejora sustancialmente las posibilidades de éxito.

   Sun Tzu afirma que la ventaja competitiva surge cuando se crean oportunidades favorables y, a continuación, se actúa aprovechando estas oportunidades en el momento adecuado. En otras palabras, los ganadores son los que hacen lo correcto en el momento correcto. Pero Sun Tzu nos recuerda también que debemos moderar el deseo de actuar por la necesidad de ejercitar la paciencia. Nos enseña que nosotros mismos podemos conseguir situarnos en una posición en la que no podamos ser derrotados, pero que la oportunidad de vencer nos la deben brindar los demás. Por tanto, debemos estar dispuestos a esperar. El mero hecho de que sepamos vencer no significa que podamos vencer. Avanza cuando sea ventajoso y deténte cuando no lo sea.

4. **Conoce los hechos.** Para alcanzar el éxito, debes gestionar la información. La información es la savia vital de los negocios. Sun Tzu dice que la información, o la falta de información, determina las posibilidades de éxito. Según él, si se dispone de una información fiable y suficiente, la victoria es segura. Sun Tzu enseña que la gestión de la información tiene dos aspectos. El primero de estos aspectos es la recogida de información. El segundo es la emisión de información. Se recoge información para tomar buenas decisiones. Se emite información para confundir a la competencia. En cualquiera de los dos casos deberás conocer los hechos reales, o fracasarás.

La mejor información es la que procede del conocimiento de primera mano. Sun Tzu recomienda decididamente el empleo de agentes y de informadores para que recojan y transmitan la información de primera mano. Esto puede parecer siniestro, pero en realidad las operaciones informativas son importantes y necesarias. Todas las organizaciones y todos los individuos realizan operaciones informativas en mayor o menor medida. Las organizaciones prudentes consideran fundamentales las operaciones informativas e invierten en ellas los recursos necesarios para que resulten rentables.

Sun Tzu nos previene contra la «sabiduría popular». La sabiduría popular es el conjunto de supuestos no demostrados, de especulaciones sin base y de opiniones aceptadas por todos que se encuentran presentes en cualquier grupo de personas. Es muy peligroso no poner en tela de juicio la sabiduría popular. Los hechos fiables siempre preceden a los actos victoriosos.

La mayoría de las decisiones que se toman durante las actividades competitivas tienen un elemento de incertidumbre. Sencillamente, no podemos saberlo todo. Aun así, es preciso tomar decisiones. Sun Tzu nos dice que lo estudiemos todo y que tomemos nuestras decisiones sopesando las posibilidades de éxito. En otras palabras, Sun Tzu nos dice que evaluemos las probabilidades del éxito antes de actuar. Los gestores modernos tienen acceso a una serie de técnicas estadísticas sencillas pero poderosas que les ayudan a cuantificar el grado de incertidumbre asociado a la información. Deming y otros autores han demostrado que estas técnicas mejoran grandemente la calidad de las decisiones. El éxito en el campo de batalla de la información depende de saber usar las estadísticas sin abusar de ellas.

5 **Espera lo peor.** Sun Tzu pronuncia una seria advertencia. No supongas que la competencia no atacará.

Confía, más bien, en una preparación adecuada para derrotarla. Si buscas algo que te obligará a competir con otro para obtenerlo, es una tontería suponer que esa persona o esa organización se quedará en estado de letargo. Lo natural es que la competencia intente ganar la batalla. Por tanto, es necesaria una preparación adecuada.

Sun Tzu pronuncia otra advertencia relacionada con la preparación. No abordes los problemas difíciles cuando no dispongas de recursos adecuados. Incluso con una estrategia superior, serás derrotado si te faltan recursos. Según Sun Tzu, no es necesario tener más hombres ni más dinero que el enemigo para triunfar. Lo que debemos hacer es observar de cerca a la competencia y centrar nuestros recursos en sus puntos flacos. Pero no infravalores a la competencia. Estudia cuidadosamente el significado de sus movimientos y de sus tácticas. Espera lo peor para triunfar.

6. **Aprovecha el momento.** El objetivo de la acción competitiva es la victoria rápida. El factor más importante del éxito en la competencia es la velocidad. Para vencer, haz las cosas de manera sencilla siempre que puedas. Los métodos sencillos son eficaces y económicos. Pruébalos primero. Si no dan resultado, siempre tendrás tiempo de probar con otra

cosa. Estar un paso por delante de la competencia vale más que cualquier otra ventaja. Cuando tú vas por delante, la competencia debe reaccionar.

La velocidad y la innovación son las claves para ir por delante. Haz cosas sencillas y hazlas bien. Si haces muchas cosas sencillas muy bien, aumentarás espectacularmente tus posibilidades de vencer. Esto se cumple, sobre todo, cuando tu competencia cree que la complejidad engendra el éxito. Lo más frecuente es que la complejidad no engendre más que más gastos fijos. Las estrategias que derrochan tiempo y que agotan los recursos no funcionan bien nunca. Cuando el agua fluye, evita el terreno elevado y busca las tierras bajas. Del mismo modo, las estrategias de éxito evitan los métodos difíciles y buscan los fáciles.

7. **Quema las naves.** Cuando las personas están unidas en su propósito, ningún obstáculo les puede cerrar el camino. Sun Tzu aconseja al líder triunfador que se sitúe a sí mismo y a sus electores en situaciones en que estén en peligro de fracasar. Cuando las personas saben que pueden fracasar si no trabajan juntas, se unirán en su propósito y mantendrán su compromiso con una serie de metas y de objetivos. El líder triunfador empuja a sus electores hacia delante y después quema las naves tras ellos.

La motivación y el compromiso son las claves del liderazgo. Sun Tzu nos dice que las personas se motivan por las expectativas de beneficios. Cuando te enfrentes con obstáculos y con desafíos, centra la atención de tus electores en los beneficios del éxito. No les hables de los riesgos que se corren, porque así se desmotivarían. Para ganarte su atención, preséntales metas claramente definidas y recompensas valiosas. Trata bien a tu gente. Fórmala a conciencia. El éxito de la organización se construye con el éxito individual de sus miembros.

8. **Hazlo mejor.** Sun Tzu dice que en la guerra solo hay dos tipos de tácticas: las esperadas y las inesperadas. Los comandantes en jefe eficaces combinan las tácticas esperadas con las inesperadas en función de los requisitos de la situación. Pero las tácticas que producen las oportunidades de victoria son las inesperadas. Ante las tácticas inesperadas o innovadoras no se puede preparar una defensa. La innovación es la única arma que te vuelve invencible. El poder de la innovación hace segura la victoria.

La innovación eficaz no tiene que ser necesariamente complicada ni difícil. Los programas de Gestión de la Calidad Total que han tenido éxito han demostrado el valor de mejorar las operaciones poco a poco. Esto se remonta hasta la idea de hacer bien las cosas sencillas. Un corolario de esta idea es realizar mejoras sencillas y con frecuencia. Un número elevado de mejoras sencillas pueden marcar una diferencia significativa en los rendimientos. Los ejecutivos que tienen habilidad para fomentar y para implantar las ideas innovadoras disponen de recursos infinitos en una situación competitiva.

9. **Empujad todos juntos.** La organización, la formación y la comunicación son las bases del éxito. Si organizas y formas a tus electores con claridad, serás capaz de controlar sus actos cuando compitas. Si la organización y la formación son difusas, las personas no serán de fiar. Te fallarán en el momento más crítico. No obstante, cuando todas las expectativas están claras y la estructura de la organización es adecuada para sus tareas, las personas confían en sus líderes y los siguen aun en circunstancias difíciles.

La formación es el elemento esencial para conseguir que la gente trabaje junta. La relación beneficios/coste de la formación eficaz es enorme cuando se combina con la organización adecuada y con un sistema de recompensas que no desmotive a la gente. A pesar de que sus beneficios son evidentes, la mayor parte de lo que llaman «formación» en los Estados Unidos es una pérdida total de tiempo y de recursos.

¿Por qué? ¡Porque es aburrida! La formación debe ser interesante para que sea eficaz.

La buena formación conduce a tener las ideas y conceptos comunes. Las ideas comunes son esenciales para la comunicación clara. Eso es especialmente cierto en el calor de la competencia, cuando es crucial que gestiones a tus electores. Por otra parte, la formación eficaz engendra lealtad por parte de los electores. Sun Tzu nos dice que no podemos castigar a la gente mientras no se sientan leales a nosotros; es decir, mientras no se consideren miembros de nuestro grupo de electores. También nos dice que, si no podemos castigar a la gente, no podemos controlarla. La formación eficaz mantiene informados a tus electores y fomenta la tranquilidad y la estabilidad del grupo. Las personas que se sienten tranquilas y estables tienen más sanas las emociones y las mentes más despiertas. Mantén sanos a tus electores. Ahorra su energía para las cuestiones importantes. Fomenta su estado de ánimo. Emplea cuidadosamente a tus electores para que dispongan de energía y de capacidad de reserva. De este modo serás capaz de aprovechar las oportunidades inesperadas y de la ventaja que proporciona la innovación.

10. **Que no adivinen tus intenciones.** Las mejores estrategias competitivas son informes. Son tan sutiles que

ni la competencia ni tus electores son capaces de discernirlas. Si tu estrategia es un misterio, no podrán prevenirse contra ella. En consecuencia, los competidores estarán obligados a reaccionar después de que tu estrategia se ponga de manifiesto. Esto te otorga una ventaja significativa. Como dice Sun Tzu: «¿Qué importa que un competidor tenga mayores recursos? Si yo controlo la situación, él no puede aprovecharlos». Disponiendo del control, los hábiles pueden forjar la victoria. Aunque la competencia sea fuerte, disponiendo del control puedes hacer que pierda la voluntad de luchar. Céntrate en tu objetivo. Conserva el control manteniendo secretas tus estrategias.

Para conseguir el control, apodérate de algo que quiera o que necesite tu competidor. Cuando tu competidor manifieste una debilidad, avanza rápidamente, sin previo aviso. El éxito en el ataque directo depende en gran medida del engaño. Cuanto menos sepa un competidor dónde quieres centrar tu atención, más fuerte serás tú. Si tu competidor tiene que organizar defensas en muchos puntos, estará débil en todas partes por la limitación de sus recursos.